1^e herziene druk 2013

Masterscriptie Burgerlijk recht
Radboud Universiteit Nijmegen

ISBN 978-1-291-44028-7

De IGZ en haar civielrechtelijke aansprakelijkheid voor falend toezicht

W. Drost

Inhoudsopgave

Inleiding

De toezichthoudende taak van de Inspectie voor de Gezondheidszorg (IGZ) heeft de laatste jaren tot veel discussie geleid, zowel in de politiek als in de media. Keer op keer wordt gesteld dat de IGZ al geruime tijd op de hoogte zou zijn van het disfunctioneren van artsen en afdelingen in ziekenhuizen en (te) lang wacht met het nemen van maatregelen. Een voorbeeld die in de media uitgebreid aan de orde is geweest, is de zaak van ex-neuroloog Jansen Steur, die werkzaam was bij het Medisch Spectrum Twente (MST). In die zaak is de rol van de IGZ onderzocht. In het rapport kwam de vraag aan de orde of de IGZ adequaat heeft gehandeld.[1]

De afgelopen jaren hebben ook andere onderzoekscommissies – al dan niet op aangeven van de minister van Volksgezondheid, Welzijn en Sport (VWS) – onderzoek gedaan naar de werkwijze en het functioneren van de IGZ. Denk hierbij aan Commissie De Vries inzake Jelmer,[2] Commissie Lemstra I[3] en Commissie Lemstra II[4] inzake de ex-neuroloog van het MST en zeer recentelijk Commissie Sorgdrager, die een algemeen onderzoek heeft gedaan naar de wijze waarop de IGZ toezicht uitoefent.[5]

De arts is allereerst zelf verantwoordelijk voor zijn handelen. Maar wat is de rol van de IGZ bij falende artsen en het voorkomen daarvan? Kan de IGZ verantwoordelijk worden gehouden wanneer te laat wordt ingegrepen? Kan de IGZ derhalve civielrechtelijk aansprakelijk zijn tegenover derden bij falend toezicht? En zo ja, onder welke omstandigheden? Of kunnen patiënten, dan wel nabestaanden, voor

---

[1] Rapport Commissie Hoekstra, *Angel en Antenne, het functioneren van de Inspectie voor de Gezondheidszorg in de casus van de neuroloog van het Medisch Spectrum Twente*, Den Haag: Ministerie van Volksgezondheid, Welzijn en Sport 2010.

[2] Rapport Commissie De Vries, *Rapport naar aanleiding van het onderzoek naar de werkwijze van de Inspectie voor de Gezondheidszorg in de casus Jelmer*, Externe onderzoekscommissie IGZ 2011.

[3] Rapport Commissie Lemstra I, *En waar was de patiënt…? Rapport over het (dis)functioneren van de medisch specialist en zijn omgeving*, Externe Onderzoekscommissie MST 2009.

[4] Rapport Commissie Lemstra II, *Heel de patiënt. Het handelen van de beroepsmatig betrokkenen na het vertrek van een disfunctionerend medisch specialist*, Tweede Externe Onderzoekscommissie MST 2010.

[5] Rapport Commissie Sorgdrager, *Van incident naar effectief toezicht. Onderzoek naar de afhandeling van dossiers over meldingen*, Den Haag: Ministerie van Volksgezondheid, Welzijn en Sport 2012.

het verhalen van de geleden (im)materiële schade, zich slechts wenden tot de arts en/of zorgaanbieder zelf?

De vraag die in deze scriptie centraal staat is de volgende: kan de IGZ civielrechtelijk aansprakelijk zijn jegens derden voor falend toezicht? Alvorens op de hiervoor genoemde hoofdvraag in te gaan, wordt in hoofdstuk 1 ingegaan op de doelstelling en taak van de IGZ en de wijze waarop zij haar toezicht uitoefent. Daarbij komen ook haar bevoegdheden en instrumenten aan bod. Vervolgens wordt in hoofdstuk 2 stilgestaan bij de factoren die van belang zijn bij het oordeel van de burgerlijke rechter over het door de IGZ uitgeoefende toezicht. Zo zal worden ingegaan op de vraag of op de IGZ een civielrechtelijke beginselplicht tot handhaving rust en op welke gronden deze eventuele handhavingsplicht gebaseerd kan worden. Aansluitend komt het toezichthoudersdilemma aan bod, alsmede het verschil tussen algemeen en concreet toezichtsfalen. Daarnaast wordt besproken of de rechter marginaal of volledig dient te toetsen.

De centrale vraag van deze scriptie komt aan de orde in hoofdstuk 4. Achtereenvolgens worden de vereisten van de onrechtmatige daad van artikel 6:162 BW besproken. Zo zal worden ingegaan op de criteria die de zorgvuldigheidsnorm van de IGZ als publiekrechtelijk toezichthouder bepalen. Voorts zal worden ingegaan op de vraag of de IGZ een beroep kan doen op een rechtvaardigingsgrond, alsmede de vraag of het voor aansprakelijkheid van de IGZ van belang is dat het bij falend toezicht veelal om een nalaten gaat. Vervolgens wordt besproken of de onrechtmatige gedraging de IGZ kan worden toegerekend, alsook de vraag of wordt voldaan aan de relativiteitseis, die bij toezichthoudersaansprakelijkheid een belangrijke rol speelt. Daarnaast wordt ingegaan op de aanwezigheid van causaal verband tussen het toezichtsfalen van de IGZ en de door de derde geleden schade. Daarbij wordt ook aandacht besteed aan de bewijsproblematiek die ten aanzien van het causale verband kan bestaan en de diverse methodes van bewijslastverdeling, die de rechter kan opleggen. Aansluitend worden de diverse vormen van schade besproken, alsmede het huidige systeem van hoofdelijke aansprakelijkheid en de mogelijkheden tot beperking van aansprakelijkheid van de IGZ.

In hoofdstuk 4 wordt vervolgens ingegaan of de vraag of het wenselijk is dat de IGZ jegens derden aansprakelijk kan zijn voor falend toezicht.

Achtereenvolgens worden de argumenten voor en tegen civielrechtelijke aansprakelijkheid van de IGZ besproken.

Ten slotte zal aan de hand van de kennis van voorgaande hoofdstukken worden geconcludeerd of de IGZ civielrechtelijk aansprakelijk kan zijn jegens derden voor falend toezicht. Daarbij worden in het kort de hiervoor genoemde aspecten besproken.

Hoofdstuk 1: de wijze waarop de IGZ haar toezicht uitoefent

Het werkgebied van de IGZ is niet alleen veelzijdig, maar inhoudelijk ook zeer divers. De IGZ is actief op het terrein van curatieve gezondheidszorg, publieke en geestelijke gezondheidszorg, verpleging en chronische gezondheidszorg, medische technologie en geneesmiddelen.[6] In dit hoofdstuk bespreek ik de doelstelling en de taak van de IGZ. Vervolgens zal ik ingaan op de toezichtmethoden die de IGZ hanteert. Ten slotte zal ik ingaan op de bevoegdheden en instrumenten die zij daartoe gebruikt.

1.1 Doel en taak

De IGZ maakt - naast de Voedsel en Waren Autoriteit - onderdeel uit van het Staatstoezicht op de Volksgezondheid.[7] De IGZ is geen zelfstandig bestuursorgaan, zoals de Nederlandse Zorgautoriteit (NZa) en de Nederlandse Mededingingsautoriteit (NMa), maar onderdeel van het Ministerie van Volksgezondheid, Welzijn en Sport (VWS).[8]
In de Gezondheidswet uit 1956 is het Staatstoezicht op de Volksgezondheid geregeld, waarin de IGZ wordt belast met "het verrichten van onderzoek naar de staat van de volksgezondheid [...] alsmede [...] het aangeven en bevorderen van middelen tot verbetering daarvan" en het houden van "toezicht op de naleving en de opsporing van overtredingen [...] op het gebied van de volksgezondheid".[9] Verder behoort "het uitbrengen van adviezen en het verstrekken van inlichtingen aan Onze Minister" tot haar taak.[10] Commissie Sorgdrager omschreef de taak van de IGZ als volgt:

> "De overheid is 'systeemverantwoordelijk', dat wil zeggen draagt de verantwoordelijkheid voor kwaliteit, betaalbaarheid en toegankelijkheid van zorg. De kwaliteit van de

---

[6] *IGZ-jaarbeeld 2011*, p. 5.
[7] Besluit Staatstoezicht op de volksgezondheid, *Stb.* 1998, 646.
[8] J.H. Hubben, 'De IGZ: van stille kracht naar publieke waakhond', *Tijdschrift voor Gezondheidsrecht* 2012 (36) 2, p. 97.
[9] Artikel 36 lid 1 sub a en b Gezondheidswet.
[10] Artikel 36 lid 2 Gezondheidswet.

daadwerkelijk geleverde zorg is in eerste instantie de verantwoordelijkheid van de zorgaanbieder zelf; de overheid ziet erop toe dat deze aan bepaalde normen voldoet. Met dat toezicht is de IGZ belast."[11]

Oftewel, de algemene taak van de IGZ bestaat uit het bewaken van de kwaliteit van de gezondheidszorg. Dit doet zij door toezicht te houden op de uitvoering van ruim twintig wetten, waaronder de Kwaliteitswet zorginstellingen (Kwz), de Wet bijzondere opnemingen in psychiatrische ziekenhuizen (Wet Bopz) en de Wet op de beroepen in de individuele gezondheidszorg (Wet BIG).[12] Bij wet of bij ministerieel besluit kan toezicht worden opgedragen aan toezichthouders. Het gaat dan om toezichthouders in de zin van artikel 5:11 Algemene wet bestuursrecht (Awb), niet om het opsporen van strafbare feiten.[13] Voor opsporing van strafbare feiten is een aparte grondslag vereist.[14]

1.2 Toezichtmethoden

In haar Meerjarenbeleidsplan 2008-2011 formuleerde de IGZ haar ambitie zich de komende jaren te willen ontwikkelen van de traditionele toezichthouder, die reactief is en resultaten passief openbaar maakt, naar de moderne handhavingsorganisatie, die proactief is, voorziet in zorgbrede transparantie en samenwerkt met andere inspecties.[15] In de inleiding van dit hoofdstuk werd de veelzijdigheid en de inhoudelijke diversiteit van het werkterrein van de IGZ besproken. Hoe zorgt de IGZ ervoor dat de ruim twintig wetten en de kwaliteit van de gezondheidszorg worden gehandhaafd en de risico's in de zorg worden verminderd? Om dit te kunnen bewerkstelligen maakt de IGZ gebruik van vier toezichtmethoden:

---

[11] Rapport Commissie Sorgdrager 2012, p. 11.
[12] J. Legemaate, *Verantwoordingsplicht en aansprakelijkheid in de gezondheidszorg*, Deventer: Tjeenk Willink 1997, p 158.
[13] A.C. de Die, 'Gewaarborgde kwaliteit', in: *De toekomst van de Wet BIG. Preadvies 2008* (Vereniging voor Gezondheidsrecht 2008), Den Haag: Sdu Uitgevers 2008, p. 106.
[14] Artikel 142 Wetboek van Strafvordering jo. Besluit buitengewoon opsporingsambtenaar Inspectie voor de Gezondheidszorg, *Stcrt.* 2005, 237.
[15] *IGZ-Meerjarenbeleidsplan 2008-2011. Voor gerechtvaardigd vertrouwen in verantwoorde zorg*, Den Haag: IGZ 2007, p. 26.

systeemtoezicht, incidententoezicht, thematisch toezicht en risicoindicatorentoezicht.[16] Systeemtoezicht is gericht op het beoordelen van processen en beheersmaatregelen binnen een instelling. Op die manier wordt gekeken naar de risico's van interne kwaliteitssystemen van zorgaanbieders. Deze vorm van toezicht beoordeelt niet alleen of instellingen de wettelijke eisen en richtlijnen naleven, maar ook in hoeverre zij naleving van deze normen en eisen waarborgen. Incidententoezicht is gericht op meldingen en signalen over calamiteiten en risicovolle situaties.[17] Nadat een melding is gedaan, wordt een diepgaand onderzoek gestart naar de oorzaken en gevolgen om herhaling te voorkomen.[18] Bij thematisch toezicht wordt op proactieve wijze toezicht gehouden op risicovolle aspecten, zoals de telefonische bereikbaarheid van artsen en/of instellingen, dwang in de zorg en medicatieoverdracht. Bovendien wordt toezicht gehouden op risicovolle gebieden, zoals de operatiekamer en de intensive care.[19] Bij risicoindicatorentoezicht vraagt de IGZ aan de hand van indicatoren aanbieders van zorg en medische producten om informatie. Deze gegevens worden geanalyseerd en vervolgens wordt beoordeeld of sprake is van risico's die direct gevaar voor patiënten opleveren. Indien nodig worden maatregelen genomen.[20]

Naast deze vier toezichtmethoden heeft de IGZ de afgelopen jaren een nieuwe vorm van toezicht ontwikkeld, namelijk gefaseerd toezicht. Deze vorm van toezicht verloopt in drie verschillende fases. De eerste fase bestaat uit het verzamelen en analyseren van informatie over diverse instellingen, met een beoordeling van deze gegevens. Vervolgens wordt nader onderzoek verricht en eventueel een bezoek aan de desbetreffende instelling gebracht om een nader oordeel te vormen. In de laatste fase worden, indien nodig, maatregelen genomen en sancties opgelegd.[21] Deze maatregelen kunnen adviserend,

---

[16] *IGZ-Meerjarenbeleidsplan 2012-2015. Voor gerechtvaardigd vertrouwen in verantwoorde zorg (II)*, Den Haag: IGZ 2011, p. 51 en 52.
[17] *IGZ-Meerjarenbeleidsplan 2012-2015*, p. 51 en 52.
[18] S. Kruikemeier e.a., *Evaluatie Gefaseerd Toezicht*, Utrecht: NIVEL 2010, p. 18.
[19] Rapport Commissie Sorgdrager 2012, p. 27.
[20] Rapport Commissie Sorgdrager 2012, p. 28, *IGZ-Meerjarenbeleidsplan 2012-2015*, p. 51.
[21] Kruikemeier e.a. 2010, p. 18.

corrigerend, bestuursrechtelijk, tuchtrechtelijk en strafrechtelijk van aard zijn (zie hiervoor paragraaf 1.4.1).[22]

Gefaseerd toezicht is een antwoord op de knelpunten die de Algemene Rekenkamer eind jaren negentig heeft geconstateerd en onderzocht. Eén van de problemen was dat het de IGZ ontbrak aan een uniforme werkwijze. Bovendien bestond een scheve capaciteitsverdeling van de IGZ over de verschillende vormen van toezicht.[23] De IGZ hoopt door de invoering van gefaseerd toezicht het toezicht effectiever en efficiënter te kunnen uitvoeren. Zij hoopt hierdoor een betere indicatie te krijgen van risicogebieden waar de kwaliteit van zorg achter blijft.[24]

1.3 Algemeen en concreet toezicht

De hierboven genoemde toezichtmethoden kunnen worden onderverdeeld in twee vormen van toezicht: concreet toezicht en algemeen toezicht. Men spreekt van concreet toezicht indien naar aanleiding van een melding of waarschuwing onderzoek wordt verricht naar een instelling.[25] Incidententoezicht, dat hiervoor werd besproken, is een voorbeeld van concreet toezicht. Algemeen toezicht houdt in dat controle op een instelling wordt uitgeoefend zonder dat sprake is van een voorafgaande waarschuwing of melding.[26] Systeemtoezicht, thematisch toezicht, risicoindicatorentoezicht en gefaseerd toezicht kunnen als algemeen toezicht worden aangemerkt. Deze toezichtmethoden worden immers uitgeoefend zonder dat sprake is van een concrete aanleiding. Het onderscheid tussen concreet toezicht en algemeen toezicht is van belang voor de aansprakelijkheidsvraag, waarover meer in het volgende hoofdstuk (zie paragraaf 2.4).

---

[22] *IGZ-Meerjarenbeleidsplan 2008-2011*, p. 12.

[23] *Kamerstukken II* 1998/99, 26 395, nr. 2, p. 11 en 12 (rapport van de Algemene Rekenkamer). De IGZ hanteerde tot eind jaren '90 de norm dat de verdeling tussen thematisch, algemeen en interventietoezicht voor iedere toezichtmethode 33% zou moeten zijn. Uit onderzoek van de Algemene Rekenkamer bleek echter dat per regio de percentages per soort toezicht sterk uiteenliepen.

[24] *IGZ-Meerjarenbeleidsplan 2008-2011*, p. 26.

[25] I. Giesen, *Aansprakelijkheid na een nalaten. Een verkennend rechtsvergelijkend onderzoek naar de aansprakelijkheid wegens nalaten, in het bijzonder van toezichthouders*, Deventer: Kluwer 2004, p. 5.

[26] I. Giesen 2004, p. 5 en 6.

1.4 Bevoegdheden en instrumenten

1.4.1 Handhavingscyclus

Om haar taak zo goed mogelijk te kunnen uitoefenen, is het voor de IGZ uitermate belangrijk om over voldoende informatie te beschikken. Op basis van artikel 86 Wet BIG dient de IGZ immers toezicht te houden op naleving van artikel 40 Wet BIG, waarin het leveren van 'verantwoorde zorg' centraal staat. Zorgaanbieders zijn onder andere verplicht elk kalenderjaar het kwaliteitsjaarverslag en klachtenjaarverslag aan de IGZ toe te zenden.[27]

Op basis van haar handhavingscyclus[28] heeft de IGZ beschikking over een vijftal handhavingsinstrumenten:

1. Advies en stimuleringsmaatregelen

Wanneer de zorgaanbieder of medische producent zelf om advies vraagt, kan de IGZ tot advies of stimuleringsmaatregelen overgaan. Wel dient dan sprake te zijn van een relatieve onbekendheid met de te handhaven norm of een laag risico. De IGZ maakt hiervoor onder andere gebruik van publicaties in vaktijdschriften en campagnes en circulaires. Deze adviezen zijn echter niet vrijblijvend. Daarnaast wordt gebruik gemaakt van actieve openbaarmaking.[29]

2. Corrigerende maatregelen

Indien de IGZ constateert dat de risico's op niet verantwoorde zorg te hoog zijn, kan zij door middel van schriftelijke aanbevelingen en gesprekken proberen de zorgaanbieder te doen inzien zijn handelswijze aan te passen.[30] In geval dit niet tot het gewenste resultaat leidt, kan de inspecteur overgaan tot verscherpt toezicht. De IGZ maakt de namen van instellingen die onder verscherpt toezicht zijn geplaatst actief openbaar. Hubben vraagt zich af hoe het met de rechtsbescherming in Nederland gesteld is nu verscherpt toezicht actief openbaar wordt gemaakt. Hij is van mening dat openbaarmaking van een opgelegde sanctie ook als sanctie dient te worden aangemerkt, zodat daarvoor een

---

[27] Artikel 2 lid 9 WKCZ respectievelijk artikel 5 lid 1 WKZ.
[28] IGZ-handhavingskader, *Richtlijn voor transparante handhaving*, Den Haag: IGZ 2008.
[29] IGZ-handhavingskader 2008, p. 16.
[30] De Die 2008, p. 120.

wettelijke grondslag is vereist.[31] Bovendien is het opmerkelijk dat de IGZ in haar Meerjarenbeleid 2012-2015 schrijft dat actieve openbaarmaking van handhavingsresultaten plaatsvindt om transparantie te bewerkstelligen,[32] terwijl in haar handhavingscyclus diezelfde maatregel als een "stimulerende maatregel, die tevens een corrigerend effect kan hebben" wordt bestempeld.[33]

3. Bestuursrechtelijke maatregelen

In situaties met een hoog risico of situaties waar sprake is van aanzienlijke of herhaalde normschending kan de IGZ ingrijpen door op grond van de KWZ een bevel te geven tot sluiting van een afdeling (zoals in het Ruwaard van Putten ziekenhuis in Spijkenisse).[34] Bovendien kan de IGZ de minister van VWS adviseren tot het geven van een aanwijzing. Daarnaast kan de IGZ een certificaat ontzeggen en een vergunning intrekken. Sinds de inwerkingtreding van de Wet uitbreiding bestuurlijke handhaving volksgezondheidswetgeving (WUHBV) heeft de IGZ meer bevoegdheden gekregen. Zij kan nu zonder tussenkomst van het Openbaar Ministerie (OM) een bestuurlijke boete of last onder dwangsom opleggen aan zorgaanbieders.[35]

4. Tuchtrechtelijke maatregelen

Indien sprake is van ernstig normoverschrijdend gedrag waarbij een grote kans op herhaling is, kan de IGZ de zorgverlener voor de tuchtrechter brengen. De zorgverlener dient wel BIG-geregistreerd te zijn. De tuchtklacht kan gedefinieerd worden als een corrigerende maatregel, die overigens onderscheiden dient te worden van strafrechtelijke maatregelen.[36] De casus van ex-neuroloog Jansen Steur van het MST is een goed voorbeeld van een situatie waarin sprake was van ernstig normoverschrijdend gedrag door een BIG-geregistreerde

---

[31] Hubben 2012, p. 104 en 105.
[32] *IGZ-Meerjarenbeleidsplan 2012-2015*, p. 57.
[33] IGZ-handhavingskader 2008, p. 16.
[34] Brief van de IGZ aan de RvB van het Ruwaard van Putten ziekenhuis, 21 november 2012.
[35] Artikel 9 WUHBV respectievelijk artikel 10 WUHBV.
[36] IGZ-handhavingskader 2008, p. 16.

beroepsbeoefenaar.[37] De IGZ had deze tuchtrechtelijke maatregel dan ook kunnen toepassen in deze casus.

5. Strafrechtelijke maatregelen

Het doen van aangifte bij het OM en het instellen van een stafrechtelijk onderzoek zijn strafrechtelijke maatregelen die de IGZ kan nemen. De IGZ ontleent de bevoegdheid tot het instellen van een strafrechtelijk onderzoek aan artikel 142 van het Wetboek van Strafvordering (Sv) juncto het Besluit buitengewoon opsporingsambtenaar IGZ (BBO). Het onderscheid tussen toezicht en opsporing wordt bepaald door het vermoeden van een strafbaar feit. Overigens beslist het OM om al dan niet tot strafvervolging over te gaan.[38] In de zaak Jansen Steur heeft het OM uiteindelijk besloten om tot vervolging over te gaan. De strafzaak tegen de ex-neuroloog dient bij de rechtbank Almelo. De IGZ heeft echter geen aangifte gedaan van een strafbaar feit of een strafrechtelijk onderzoek ingesteld.

1.4.2 Overige bevoegdheden

Naast de bevoegdheden en instrumenten die hierboven uiteen zijn gezet, beschikt de IGZ over nog een aantal algemene toezichtsbevoegdheden. De inspecteur wordt namelijk als toezichthouder aangemerkt in de zin van artikel 5:11 Awb. De artikelen 5:15 tot en met 5:19 Awb geven de inspecteur een standaardpakket aan bevoegdheden, zoals plaatsbetreding en het vorderen van inzage in zakelijke gegevens en bescheiden. Daarnaast beschikt de IGZ sinds de invoering van de WUBHV over de bevoegdheid tot inzage van patiëntendossiers zonder toestemming van de patiënt.[39] Bij uitoefening van haar bevoegdheden dient de IGZ echter wel rekening te houden met de beginselen van behoorlijk bestuur. Voor een toezichthoudend en handhavend orgaan zijn in het bijzonder het zorgvuldigheidsbeginsel en het evenredigheids- en proportionaliteitsbeginsel van belang.[40] Daarnaast wijst De Die[41] op de

---

[37] Zie onder meer Rapport Commissie Lemstra I 2009 en Rapport Commissie Hoekstra 2010 waarin uitgebreid onderzoek is gedaan naar het (dis)functioneren van ex-neuroloog Jansen Steur.

[38] IGZ-handhavingskader 2008, p. 17.

[39] Artikel 15 WUBHV.

[40] De Die 2008, p. 118.

beginselen van goed toezicht, die door Van Rossum[42] in haar preadvies voor de Nederlandse Juristen-Vereniging (NJV) zijn geformuleerd. Van Rossum gaat in haar eerste beginsel uit van een actieve houding van de toezichthouder. Het tweede beginsel gaat uit van een berekenbare toezichthouder, zodat zowel de burger als de toezichthouder weet waar hij aan toe is.

Zoals uit het hier voorgaande blijkt, heeft de IGZ de beschikking over een groot aantal bevoegdheden en instrumenten om de kwaliteit van de gezondheidszorg te waarborgen. Uit het dossieronderzoek dat Commissie Sorgdrager heeft verricht, blijkt echter dat de IGZ de beschikbare handhavingsinstrumenten niet altijd toepast. Volgens Commissie Sorgdrager komt dit doordat binnen de IGZ de zienswijzen over het gebruik van de handhavingsinstrumenten uiteenlopen. Bovendien verschillen binnen de IGZ de meningen over het al dan niet inzetten van deze instrumenten.[43] Zij dient namelijk voortdurend een evenwicht te vinden tussen vertrouwen en controle. Vertrouwen tussen de IGZ en de zorgaanbieders is belangrijk om goed controle te kunnen uitoefenen. Het kan dan verstandig zijn toepassing van handhavingsbevoegdheden, indien mogelijk, zo lang mogelijk uit te stellen of achterwege te laten.[44] Dit mag echter nooit ten kosten gaan van de veiligheid van patiënten. De IGZ dient van geval tot geval een afweging te maken om al dan niet tot het nemen van maatregelen over te gaan. Zij kan dan voor een dilemma komen te staan: krachtig, maar achteraf onnodig, ingrijpen kan leiden tot schade en een vertrouwensbreuk met de zorgaanbieder, maar niet ingrijpen kan leiden tot risico's voor de patiëntveiligheid. Dit noemt men wel het toezichthoudersdilemma.[45] Dit dilemma speelt een belangrijke rol bij

---

[41] De Die 2008, p. 119.

[42] A.A. van Rossum, 'Civielrechtelijke aansprakelijkheid voor overheidstoezicht', in: *Toezicht* (Handelingen Nederlandse Juristen-Vereniging 2005-I), Deventer: Kluwer 2005, p. 36.

[43] Rapport Commissie Sorgdrager 2012, p. 46.

[44] J. Legemaate, *Verantwoordelijkheid nemen voor kwaliteit. Advies naar aanleiding van de aanbevelingen van de Inspectie voor de Gezondheidszorg in haar rapport over de zaak van de Twentse neuroloog* (aangeboden aan de Tweede Kamer, vergaderjaar 2008-2009, 31 700 XVI, nr. 173), Amsterdam 2009, p. 7 en 14.

[45] I. Giesen, *Toezicht en aansprakelijkheid. Een rechtsvergelijkend onderzoek naar de rechtvaardiging voor de aansprakelijkheid uit onrechtmatige daad van toezichthouders ten opzichte van derden*, Deventer: Kluwer 2005, p. 140.

de aansprakelijkheid van toezichthouders. In paragraaf 2.3 van het volgende hoofdstuk zal nader op het toezichthoudersdilemma worden ingegaan.

Hoofdstuk 2: factoren die van belang zijn bij de beoordeling van toezicht en handhaving door de IGZ

Bij de beoordeling van de toezichthoudende taak van de IGZ door de burgerlijke rechter spelen diverse aspecten rol. Ten eerste is van belang of op de IGZ een civielrechtelijke beginselplicht tot handhaving rust. De Afdeling bestuursrechtspraak van de Raad van State (Afdeling bestuursrechtspraak) heeft immers voor publiekrechtelijke toezichthouders een (bestuursrechtelijke) beginselplicht tot handhaving ontwikkeld.[46] In de volgende paragraaf zal ik het bestaan van een civielrechtelijke handhavingsplicht bespreken. Tevens zal ik ingaan op de invloed van de beoordelings- en beleidsvrijheid van de IGZ op deze handhavingsplicht. Daarnaast zal ik het toezichthoudersdilemma bespreken, waar ik in het vorige hoofdstuk al kort bij heb stilgestaan.[47] Vervolgens zal ik aandacht besteden aan het onderscheid tussen algemeen en concreet toezichtsfalen. Ten slotte zal ik in de laatste paragraaf ingaan op de wijze van toetsing door de rechter.

2.1 Geldt voor de IGZ een civielrechtelijke beginselplicht tot handhaving?

De beginselplicht tot handhaving, zoals die door de bestuursrechter is ontwikkeld, houdt in dat op publiekrechtelijke toezichthouders in beginsel een plicht rust tot handhavend optreden, tenzij sprake is van een bijzondere omstandigheid.[48] Uit jurisprudentie blijkt echter dat de burgerlijke rechter deze handhavingsplicht ziet als een beleidsvrije bevoegdheid.[49] Een voorbeeld hiervan is de zaak Oudewater.[50] In deze

---

[46] C.L.G.F.H. Albers, 'Overheidsaansprakelijkheid voor gebrekkig toezicht en ontoereikende handhaving. De geest uit de fles?', *NTBR* 2005, 80, p. 488, met voorbeelden van jurisprudentie.
[47] Zie paragraaf 1.4.2.
[48] C.L.G.F.H. Albers, 'Beginselplicht tot handhaving', in: R.J.N. Schlössels e.a., *JBSelect*, Den Haag: Sdu 2009, p. 483.
[49] Zie bijvoorbeeld HR 22 juni 2001, *Gst.* 2001-7146, 2, m.nt. H.Ph.J.A.M. Hennekes, r.o. 3.5 (*Restaurant Boeddha*), Rb. Utrecht 26 augustus 2003, *JB* 2003, 304, m.nt. C.L.G.F.H. Albers, r.o. 3.7 (*Oudewater*) en Rb. 's-Gravenhage 24 december 2003, *Gst.* 2001, 76, m.nt. R. Boesveld, r.o. 3.5.6 (*Vuurwerkramp Enschede I*).

zaak heeft de voorzieningenrechter van de Rechtbank Utrecht geoordeeld dat het niet gebruiken van een handhavende bevoegdheid in een geval waarin dat wel had gekund, eenvoudigweg niet betekent dat een overheidslichaam aansprakelijk is indien als gevolg van het niet handhaven schade ontstaat. Volgens de voorzieningenrechter kan, indien een overheidsorgaan niet gebruik maakt van zijn handhavingsbevoegdheid, slechts aanleiding bestaan tot het aansprakelijk achten van een overheidsorgaan als sprake is van "een in zeer ernstige mate tekortschieten, opzettelijk of roekeloos onjuist gegeven adviezen en/of een in redelijkheid geboden meer intensieve controle".[51]

Van Dam is echter van mening dat op basis van het ongeschreven recht niet slechts een civielrechtelijke bevoegdheid, maar tevens een civielrechtelijke plicht tot handhaving bestaat.[52] Hij doelt op het vertrouwensbeginsel[53] en het kennis- en kundeoverschot[54] van de toezichthouder. Daarnaast is hij van mening dat als gevolg van de geringe afstand tussen het overheidsorgaan en de vergunninghouder ten onrechte veelvuldig wordt gedoogd.[55] Albers noemt dit de 'ons kent ons' mentaliteit.[56] Derden moeten er echter op kunnen vertrouwen dat de IGZ handhavend optreedt wanneer dat noodzakelijk is. De IGZ dient er dan ook voor te waken dat door de zekere vertrouwensrelatie die tussen de RvB van een instelling en de IGZ bestaat, zij een te geringe afstand bewaart, waardoor zij haar toezichthoudende en handhavende taken niet adequaat kan uitoefenen. De IGZ is zich echter bewust van dit gevaar. Meldingen over calamiteiten en risicovolle situaties worden tegenwoordig niet meer door een regionaal inspecteur behandeld, maar door een landelijke inspecteur die geen vertrouwensrelatie heeft met een bepaalde

---

[50] Rb. Utrecht 26 augustus 2003, *JB* 2003, 304, m.nt. C.L.G.F.H. Albers (*Oudewater*).

[51] Rb. Utrecht 26 augustus 2003, *JB* 2003, 304, m.nt. C.L.G.F.H. Albers, r.o. 3.7 (*Oudewater*).

[52] C.C. van Dam, 'Aansprakelijkheid van de overheid wegens onvoldoende toezicht en handhaving', in: J.M. Barendrecht, *Kring van aansprakelijken bij massaschade*, Den Haag: Koninklijke Vermande 2002, p. 112.

[53] De burger mag erop vertrouwen dat een overheidslichaam toezicht houdt op de naleving van regels.

[54] De overheid heeft de mogelijkheid om op de hoogte te zijn van risico's. Bovendien kan de overheid iets aan die risico's doen door deze te beperken en te voorkomen.

[55] Van Dam 2002, p. 112.

[56] Albers 2005, p. 490.

instelling.[57] Daarnaast is het de taak van de IGZ om als publiekrechtelijk toezichthouder op de hoogte te zijn van risico's in ziekenhuizen en dergelijke risico's waar mogelijk te beperken en te voorkomen.

Als tweede grond voor een civielrechtelijke beginselplicht tot handhaving kan gewezen worden op rechtspraak van het Europese Hof voor de Rechten van de Mens (EHRM). In de zaak Öneryildiz benadrukt het hof dat artikel 2 van het Europees Verdrag voor de Rechten van de Mens en de fundamentele vrijheden (EVRM) onder bepaalde omstandigheden een verplichting voor Staten met zich meebrengt om zodanige maatregelen te treffen dat het leven en de gezondheid van zijn inwoners wordt beschermd. Een Staat is verplicht om preventieve maatregelen te nemen indien sprake is van een reëel en onmiddellijk gevaar voor het leven en de gezondheid van zijn inwoners en de Staat kennis heeft of behoorde te hebben van dit risico.[58] Volgens Barkhuysen en Van Emmerik zou hieruit een zekere verplichting kunnen voortvloeien tot het houden van toezicht. Bovendien mogen financiële belangen nooit aanleiding zijn noodzakelijke maatregelen uit te stellen.[59] Toezichthouders hebben door het EHRM een verplichting opgelegd gekregen om preventief op te treden indien zij kennis hebben of behoren te hebben van potentieel en direct gevaar voor het leven van personen. Zij hebben echter wel de ruimte om belangen tegen elkaar af te wegen.[60]

Een derde grond waarop volgens Albers[61] en Van Maanen[62] de civielrechtelijke beginselplicht tot handhaving gebaseerd kan worden, is de verhoogde zorgplicht aan de zijde van de toezichthouder. Albers

---

[57] *Rapport Commissie Lemstra I* 2009, p. 51.
[58] EHRM 18 juni 2002, *EHCR* 2002, 64 (*Öneryildiz/Turkije I*) bevestigd door EHRM 30 november 2004, *AB* 2005, 43 (*Öneryildiz/Turkije II*).
[59] T. Barkhuysen & M.L. van Emmerik, 'Overheidsaansprakelijkheid voor falend toezicht en ontoereikende handhaving. Nadere lessen uit de uitspraak van de Grote Kamer van het EHRM Öneryildiz tegen Turkije?', *Overheid & Aansprakelijkheid* 2005, 47.
[60] Meer hierover in paragraaf 2.2.
[61] Albers 2005, p. 490.
[62] G.E. van Maanen, 'Overheidsaansprakelijkheid voor gebrekkig toezicht. Weging van argumenten en juridische technieken naar aanleiding van de Enschede vuurwerkramp', *Rechtsgeleerdheid Magazijn THEMIS* 2007, 4, p. 137.

baseert deze verhoogde zorgplicht op het Kelderluik-arrest, waarin de reikwijdte wordt bepaald van de ongeschreven zorgvuldigheidsplicht bij gevaarzettend handelen.[63] Volgens Albers dient de overheid haar toezichts- en handhavingsbevoegden te gebruiken in het kader van het algemeen belang dat zij dient te behartigen. Als behartiger van het algemeen belang rust op haar een omvangrijkere zorgplicht dan op een gewone burger.[64] Ook in de jurisprudentie wordt aansluiting gezocht bij de Kelderluikcriteria. Dit heeft echter nog niet geleid tot aanvaarding van de civielrechtelijke handhavingsplicht door de burgerlijke rechter. In Vuurwerkramp Enschede I[65] en II[66] oordelen respectievelijk de rechtbank en het hof dat een rechtsplicht tot handhaven slechts bestaat indien het risico dat een gevaar zich verwezenlijkt dermate groot is dat daar schade uit ontstaat. De burgerlijke rechter lijkt derhalve niet te willen toegeven aan de beginselplicht tot handhaving die door de Afdeling bestuursrechtspraak is geformuleerd, waar slechts bijzondere omstandigheden aanleiding kunnen zijn tot afzien van handhavend optreden. Bovendien gaat de rechter hier voorbij aan rechtspraak van het EHRM, waar in de zaak Öneryildiz[67] is bepaald dat indien de overheid door gebrekkig toezicht of niet-handhavend optreden artikel 2 EVRM (het recht op leven) schendt, zij aansprakelijk kan worden gesteld.[68]

2.2 Invloed van de beleids- en beoordelingsvrijheid op de handhavingsplicht

Uit het voorgaande blijkt dat de civiele rechter de beginselplicht tot handhaving ziet als een discretionaire bevoegdheid, meer specifiek een beleidsvrije bevoegdheid. Het niet gebruiken van een handhavende bevoegdheid in een situatie waarin dat wel had gekund, leidt volgens de rechter niet zonder meer tot aansprakelijkheid indien als gevolg van het

---

[63] HR 5 november 1965, *NJ* 1966, 136 (*Kelderluik*).
[64] Albers 2005, p. 490.
[65] Rb. 's-Gravenhage 24 december 2003, *Gst.* 2004, 76, m.nt. R. Boesveld (*Vuurwerkramp Enschede I*).
[66] Hof 's-Gravenhage 24 augustus 2010, *Gst.* 2010, 104 (*Vuurwerkramp Enschede II*).
[67] EHRM 18 juni 2002, *EHCR* 2002, 64 (*Öneryildiz/Turkije I*) bevestigd door EHRM 30 november 2004, *AB* 2005, 43 (*Öneryildiz/Turkije II*).
[68] Zie ook Barkhuysen & Van Emmerik 2005.

niet handhaven schade ontstaat.[69] Albers betoogt dat de burgerlijke rechter ten onrechte uitgaat van een beleidsvrije bevoegdheid tot handhaven.[70] Het is echter een illusie te denken, dat indien de IGZ in alle gevallen voldoet aan de beginselplicht tot handhaving gevaarlijke en risicovolle situaties worden voorkomen. Bovendien wordt dan voorbij gegaan aan het feit dat aan toezichthouders een zekere mate van beoordelings-en beleidsvrijheid toekomt.[71] De IGZ *kan* immers een afdeling van een ziekenhuis onder verscherpt toezicht stellen en zij *kan* een last onder dwangsom opleggen. De beleids- en beoordelingsvrijheid die haar toekomt, kan echter nooit een vrijwaring zijn voor het niet adequaat uitvoeren van haar handhavende en toezichthoudende bevoegdheden. De IGZ dient in beginsel te handhaven indien zij een overtreding constateert. Voor haar geldt dan geen beleids- of beoordelingsvrijheid. Zij kan van handhavend optreden afzien, maar dit dient wel voldoende te worden gemotiveerd.[72] Kortom, de civielrechtelijke beginselplicht tot handhaving kan niet als een absolute plicht worden gezien.[73] Zij dient echter wel tijdig en naar behoren maatregelen te nemen om schade te voorkomen, voor zover dat van haar in redelijkheid kan worden gevergd. De IGZ kan derhalve niet volstaan pas maatregelen te nemen indien van een onmiddellijk en dreigend gevaar sprake is.[74] De IGZ dient bij de afweging om wel of niet in te grijpen, rekening te houden met de eisen van evenredigheid, doelmatigheid, proportionaliteit en subsidiariteit. Bovendien speelt de mogelijkheid van eventuele nadelige gevolgen een rol bij de afweging tot het nemen van de maatregel.[75] De

---

[69] Rb. Utrecht 26 augustus 2003, *JB* 2003, 304, m.nt. C.L.G.F.H. Albers, r.o. 3.7 (*Oudewater*).

[70] Albers 2005, p. 488.

[71] D. Busch, *Naar een beperkte aansprakelijkheid van financiële toezichthouders?*, Deventer: Kluwer 2011, p. 7 met een definitie van beoordelingsvrijheid en beleidsvrijheid.

[72] L.A.G. Moelker, 'Aansprakelijkheid van toezichthouders. Bespreking van het rapport van prof. dr. C.C. van Dam', *Tijdschrift voor financieel toezicht* 2006, 5, p. 98.

[73] C.C. van Dam, *Aansprakelijkheid van toezichthouders. Een analyse van de aansprakelijkheidsrisico's voor toezichthouders wegens inadequaat handhavingstoezicht en enige aanbevelingen voor toekomstig beleid*, WODC-rapport, Den Haag: Ministerie van Justitie 2006, p. 119.

[74] B. van Ravels, 'Is de overheid aansprakelijk als er sprake is van falend toezicht?', *Externe veiligheid. Tijdschrift voor informatie-uitwisseling en discussie over externe veiligheid*, 2006.

[75] HR 13 oktober 2006, *JOR* 2006, 295 m.nt. D. Busch, r.o. 4.3.3 (*Vie d'Or*).

IGZ dient derhalve van geval tot geval een afweging te maken om al dan niet tot het nemen van maatregelen over te gaan. Zij kan dan voor een dilemma komen te staan. In de volgende paragraaf wordt besproken wat dit toezichthoudersdilemma inhoudt.

2.3 Toezichthoudersdilemma

In het vorige hoofdstuk kwam het toezichthoudersdilemma in het kort al aan bod.[76] Dit dilemma houdt in dat een toezichthouder bij afweging tussen diverse belangen een evenwicht dient te vinden tussen te voortvarend optreden enerzijds en te gemakzuchtig optreden anderzijds.[77] De IGZ zal bij het nemen van maatregelen dikwijls voor een keuze tussen twee kwaden komen te staan. Zij kan een keuze maken om krachtig in te grijpen. Dit kan echter achteraf onnodig blijken en zorgen voor onrust, schade en een vertrouwensbreuk met de zorgaanbieder. De IGZ kan ook besluiten niet in te grijpen, terwijl dat achteraf wel nodig was. Dit heeft tot gevolg dat risico's kunnen ontstaan voor de patiëntveiligheid.[78] De IGZ dient als toezichthouder dan ook een evenwicht te vinden tussen te voortvarend optreden enerzijds en te voorzichtig optreden anderzijds.[79] Zij noemt het zelf het vinden van een "balans tussen enerzijds vertrouwen en ruimte én anderzijds controle en rekenschap".[80]

Indien de IGZ na afweging van diverse belangen besluit om al dan niet tot handhavend optreden over te gaan, kan dit tot gevolg hebben dat schade ontstaat. Die schade kan ontstaan bij degene op wie toezicht wordt gehouden, alsook bij de derde. Het is aan de rechter om in een concrete situatie te oordelen of sprake is van toezichtsfalen. In geval van schade bij een derde is voor de aansprakelijkheidsvraag van belang of sprake is van algemeen of concreet toezichtsfalen.[81] In de volgende paragraaf wordt het verschil tussen deze vormen van toezicht besproken.

---

[76] Hoofdstuk 1, paragraaf 1.4.2.
[77] Van Dam 2006, p. 24.
[78] Giesen 2005, p. 141.
[79] Van Dam 2006, p. 24.
[80] *IGZ-jaarbeeld 2009*, p. 5.
[81] Van Dam 2006, p. 13.

2.4 Vormen van toezichtsfalen

In de literatuur[82] en jurisprudentie[83] wordt een onderscheid gemaakt tussen twee vormen van toezichtsfalen: algemeen en concreet toezichtsfalen. Dit onderscheid is van uitermate belang voor de aansprakelijkheid van de toezichthouder tegenover een derde. Zoals hierna zal blijken, wordt aansprakelijkheid van een toezichthouder voor algemeen toezichtsfalen slechts in uitzonderlijke omstandigheden aangenomen, terwijl aansprakelijkheid van een toezichthouder voor concreet toezichtsfalen onder bepaalde omstandigheden wel mogelijk is.

2.4.1 Algemeen toezichtsfalen

Men spreekt van algemeen toezichtsfalen indien de toezichthouder nalaat voldoende controle uit te oefenen. De toezichthouder heeft dan onvoldoende gebruik gemaakt van zijn bevoegdheid om overtredingen op te sporen en heeft derhalve zijn toezichtstaken verwaarloosd.[84] Bij algemeen toezichtsfalen speelt de beleidsvrijheid van de IGZ een belangrijke rol. De IGZ heeft immers beleidsvrijheid bij het opstellen van haar toezichts- en handhavingsbeleid.[85]

Het arrest dat in de literatuur hét voorbeeld wordt genoemd van algemeen toezichtsfalen is de zaak Boeddha.[86] In deze zaak ging het om een brand in een Chinees restaurant. Doordat de brand zich razendsnel via het plafond verspreidde, waren er doden en gewonden gevallen. De slachtoffers stelden onder meer de gemeente Hilversum aansprakelijk aangezien het restaurant al jaren niet was onderworpen aan een inspectie, ook niet na een verbouwing die had plaatsgevonden. Het hof oordeelde dat noch artikel 71 van de Brandveiligheidsverordening, noch een andere wettelijke bepaling de gemeente verplichtte tot ingrijpen. Het beleid dat de gemeente voerde, verplichtte haar evenmin

---

[82] Giesen 2005, p. 116, Van Rossum 2005, p. 13 en 14, Van Dam 2006, p. 13.
[83] Rb. 's-Gravenhage 24 december 2003, *Gst.* 2004, 76, m.nt. R. Boesveld, r.o. 3.5.2 (*Vuurwerkramp Enschede I*).
[84] Van Dam 2005, p. 109.
[85] C.L.G.F.H. Albers & P.C.M. Heinen, 'Civiele en stafrechtelijke aansprakelijkheid van gemeenten bij falend bouw- en woningtoezicht', *Gst.* 2008, 7308, p. 675.
[86] HR 22 juni 2001, *Gst.* 2001-7146, 2, m.nt. H.Ph.J.A.M. Hennekes, r.o. 3.5 (*Restaurant Boeddha*).

tot actief ingrijpen. Bij de Hoge Raad bleef dit oordeel in stand. De gemeente werd derhalve niet aansprakelijk geacht.

Volgens Van Dam hanteert het hof in deze uitspraak niet een geheel juiste benadering.[87] Het hof zocht de verplichting van de gemeente om in te grijpen in de door de gemeente zelf opgestelde verordening (de wet) en in het door de gemeente gevoerde beleid. Onrechtmatigheid kan echter ook voortvloeien uit het ongeschreven recht: "als onrechtmatige daad wordt aangemerkt […] hetgeen volgens ongeschreven recht in het maatschappelijke verkeer betaamt".[88] Ook Barkhuysen en Van Emmerik[89] uiten kritiek op dit arrest. Volgens hen is de uitspraak van de Hoge Raad te terughoudend. Zij stellen terecht aan de orde of de gemeente op grond van Öneryildiz niet 'op de hoogte had behoren te zijn' van het feit dat het restaurant niet voldeed aan de brandveiligheidsvoorschriften.[90] Artikel 2 EVRM legt op Staten immers een positieve verplichting om preventief maatregelen te nemen indien de Staat kennis heeft of behoort te hebben van een daadwerkelijk en onmiddellijk gevaar voor het leven van zijn inwoners. De gemeente had geen concrete klachten of waarschuwingen gekregen, waardoor zij kon vermoeden dat niet aan de brandveiligheidsvoorschriften werd voldaan. Maar had de gemeente het restaurant niet vaker moeten controleren, zeker nadat een verbouwing had plaatsgevonden? Barkhuysen en Van Emmerik stellen dat de Hoge Raad de onderzoeksplicht van de gemeente had moeten toetsen aan het ongeschreven recht en het EVRM. Volgens hen is het bovendien irrelevant om bij gebrekkig toezicht een onderscheid te maken tussen concreet en algemeen toezichtsfalen. Volgens het EHRM is immers van belang of bij toezicht voldaan is aan de eisen van artikel 2 EVRM, aldus Barkhuysen en Van Emmerik.

Indien sprake is van algemeen toezicht door een toezichthouder, gaat de rechter uit van de aan de toezichthouder toekomende (beleids)vrijheid bij de verdeling van de beschikbare financiële en personele middelen over de diverse beleidsterreinen. In Vuurwerkramp

---

[87] Van Dam 2006, p. 110.

[88] Artikel 6:162 lid 2 BW. Van Dam doelt op het vertrouwensbeginsel en het kennis- en kundeoverschot bij de toezichthouder. Zie hiervoor paragraaf 2.1.

[89] T. Barkhuysen & M.L. van Emmerik, 'Overheidsaansprakelijkheid voor de Enschedese Vuurwerkramp', *NJCM-Bulletin*, jrg. 29 (2004), nr. 5, p. 719 en 720.

[90] EHRM 18 juni 2002, *EHCR* 2002, 64 (*Öneryildiz/Turkije I*) bevestigd door EHRM 30 november 2004, *AB* 2005, 43 (*Öneryildiz/Turkije II*).

Enschede I oordeelde de Haagse rechtbank dat, gelet op de vrijheid die het bestuursorgaan toekomt, een dergelijke taakverwaarlozing slechts in uitzonderlijke omstandigheden onrechtmatig is jegens een derde.[91] Aansprakelijkheid van een toezichthouder wordt derhalve slechts in zeer uitzonderlijke gevallen aangenomen.

2.4.2 Concreet toezichtsfalen

Van concreet toezichtsfalen wordt gesproken indien de toezichthouder, ondanks meldingen of waarschuwingen, verzuimt over te gaan tot actief ingrijpen. In tegenstelling tot algemeen toezichtsfalen, is bij concreet toezichtsfalen wel sprake van concrete aanwijzingen die een indicatie zijn dat sprake is van een overtreding. Aansprakelijkheid voor concreet toezichtsfalen is door de rechter in diverse uitspraken aangenomen, waaronder de zaak Oudewater.[92]

Anders oordeelde de rechter in de zaak van de vuurwerkramp die zich op 13 mei 2000 voltrok in de gemeente Enschede. Daarbij vielen tientallen doden en honderden gewonden. In Vuurwerkramp Enschede I oordeelde de Haagse rechtbank ten aanzien van de aansprakelijkheid van de overheid voor concreet toezichtsfalen het volgende. Bij de beoordeling van de vraag of de gemeente bij de uitoefening van haar taken beneden de maat is gebleven, "moet worden uitgegaan van de kennis die de gemeente tot op het moment van de vuurwerkramp had of redelijkerwijs had moeten hebben".[93] Dat zich een risico verwezenlijkt waarvan de overheid op de hoogte was of had moeten zijn, is volgens de rechtbank niet voldoende om aansprakelijkheid van de Staat en de gemeente aan te nemen. Sprake dient te zijn van een risico dat dermate groot was, dat daaruit voor de overheid een rechtsplicht voortvloeide om maatregelen te nemen die dat risico verkleinen. Daarbij spelen volgens de rechtbank zowel de aard van de mogelijke effecten als de kans dat deze optreden een rol. Bovendien dienen de kosten van een dergelijk optreden te worden afgewogen

---

[91] Rb. 's-Gravenhage 24 december 2003, *Gst.* 2004, 76, m.nt. R. Boesveld, r.o. 3.5.2 (*Vuurwerkramp Enschede I*).
[92] Rb. Utrecht 26 augustus 2003, *JB* 2003, 304, m.nt. C.L.G.F.H. Albers, r.o. 3.7 (*Oudewater*). Zie paragraaf 2.1 voor de overwegingen die de rechter maakt ter zake van de aansprakelijkheid van de gemeente.
[93] Rb. 's-Gravenhage 24 december 2003, *Gst.* 2004, 76, m.nt. R. Boesveld, r.o. 3.5.4 (*Vuurwerkramp Enschede I*).

tegen de voordelen daarvan.[94] In Vuurwerkramp Enschede II komt het Haagse hof tot een soortgelijk oordeel. Volgens het hof is bij beoordeling van de aansprakelijkheid bepalend of het risico dat de overheid kende of behoorde te kennen, gelet op de ernst van de mogelijke effecten en de kans dat deze zouden optreden, zodanig was, dat daaruit voor haar een rechtsplicht voortvloeide om maatregelen te nemen die dat risico verkleinen of uitsluiten.[95] In Vuurwerkramp Enschede I en II oordeelden respectievelijk de rechtbank en het hof dat van aansprakelijkheid van de Staat en de gemeente geen sprake was. Deze uitspraken hebben in de literatuur tot de nodige kritiek geleid. Albers en Heinen zijn van mening dat het lijkt alsof het voor de Haagse rechtbank en het hof erg belangrijk is om niet tot aansprakelijkheid van de gemeente Enschede te komen voor haar gebrekkige toezicht en niet-handhavend optreden.[96] Zij doelen hierbij op het stelselmatig gedogen en legaliseren van gevaarlijke activiteiten door de gemeente. Ten eerste stroken deze uitspraken volgens Albers en Heinen niet met het door de bestuursrechter ontwikkelde beginselplicht tot handhaving.[97] Bovendien verhouden de uitspraken zich volgens zowel Albers en Heinen[98] als Barkhuysen en Van Emmerik[99] niet tot de zaak Öneryildiz.[100]

---

[94] Rb. 's-Gravenhage 24 december 2003, *Gst.* 2004, 76, m.nt. R. Boesveld, r.o. 3.1.2 (*Vuurwerkramp Enschede I*).
[95] Hof 's-Gravenhage 24 augustus 2010, *Gst.* 2010, 104, r.o. 9.1 (*Vuurwerkramp Enschede II*).
[96] Albers & Heinen 2008, p. 673 inzake het oordeel van de Rb. 's-Gravenhage en C.L.G.F.H. Albers & P.C.M. Heinen, 'Een (verkapte) civielrechtelijke immuniteit voor toezichts- en handhavingsfalen van overheidsorganen?', *Gst.* 2010, 101, inzake het oordeel van het Hof 's-Gravenhage.
[97] Zie paragraaf 2.1 en 2.2 voor een uitgebreide bespreking van de bestuursrechtelijke en civielrechtelijke handhavingsplicht.
[98] Albers & Heinen 2008, p. 673.
[99] Barkhuysen & Van Emmerik 2004, p. 719 en 720. Zie paragraaf 2.4.1. voor mijn bespreking van hun argumenten.
[100] EHRM 18 juni 2002, *EHCR* 2002, 64 (*Öneryildiz/Turkije I*) bevestigd door EHRM 30 november 2004, *AB* 2005, 43 (*Öneryildiz/Turkije II*).

2.4.3 Belang van het onderscheid tussen algemeen en concreet toezichtsfalen

Uit het voorgaande blijkt dat aansprakelijkheid van een toezichthouder voor algemeen toezichtsfalen slechts in zeer uitzonderlijke omstandigheden wordt aangenomen, terwijl aansprakelijkheid van een toezichthouder voor concreet toezichtsfalen onder omstandigheden wel mogelijk is. Een algemene spontane controleplicht bestaat niet.[101] Uit de hier bovengenoemde jurisprudentie kan worden afgeleid dat de rechtspraak de nadruk legt op de wetenschap die bij de toezichthouder bestaat of had moeten bestaan. Preventief toezicht en ingrijpen is vereist indien de toezichthouder bekend is met niet-naleving van regels of als er concrete aanwijzingen zijn dat regels niet worden nageleefd, waardoor de kans op het ontstaan van ernstige schade groot is.[102]

Het is dus van belang om een onderscheid te maken tussen die situaties waarin de IGZ onvoldoende gebruik maakt van haar bevoegdheid om overtredingen op te sporen enerzijds en die waarin de IGZ ondanks meldingen of waarschuwingen nalaat om over te gaan tot actief ingrijpen anderzijds. De wetenschap die de IGZ bezit of behoorde te bezitten is derhalve uitermate van belang om te bepalen of de IGZ bij de uitvoering van haar toezichthoudende en handhavende taken beneden de maat is gebleven. Het is dan aan de rechter om te oordelen of de IGZ aansprakelijk kan worden gehouden voor de ingetreden schade. In de literatuur lopen de meningen uiteen over de vorm van toetsing die de rechter moet toepassen indien sprake is van beleids- en/of beoordelingsvrijheid. In de volgende paragraaf zal ik ingaan op de wijze van toetsing die volgens vaste jurisprudentie wordt gehanteerd.

2.5 Toetsing door de rechter

De rechter is uiteindelijk degene die zal moeten beoordelen of de IGZ bij de uitoefening van de haar toekomende bevoegdheden onrechtmatig heeft gehandeld jegens derden. Het toezicht van de IGZ zal getoetst moeten worden aan een ongeschreven zorgvuldigheids-

---

[101] Van Rossum 2005, p. 62.
[102] Van Rossum 2005, p. 62.

norm.[103] In de Vie d'Or-zaak[104] heeft de Hoge Raad de volgende maatstaf bepaald: "de eisen die aan een behoorlijk en zorgvuldig toezicht moeten worden gesteld".[105] In dit arrest heeft de Hoge Raad eveneens bepaald welk wijze van toetsing de rechter dient te gebruiken indien aan de IGZ een bepaalde mate van beleids- en beoordelingsvrijheid toekomt. Door middel van een marginale toetsing beoordeelt de rechter of de IGZ in de gegeven omstandigheden "in redelijkheid tot een door haar genomen beslissing heeft kunnen komen".[106] Door gebruik van deze marginale toetsing houdt de rechter rekening met de mate van beleids- en beoordelingsvrijheid die aan de IGZ toekomt. Bij een volledige toetsing daarentegen beoordeelt de rechter of de IGZ "ten onrechte tot een bepaalde beslissing is gekomen".[107]

Dat de uitkomst van de onrechtmatigheidsvraag verschilt naar gelang de rechter gebruik maakt van de marginale toetsing dan wel de volledige toetsing, wordt verduidelijkt in de Vie d'Or- zaak.[108] In deze zaak ging het om polishouders van verzekeringsmaatschappij Vie d'Or die financiële schade hadden geleden doordat Vie d'Or failliet was verklaard. Zij stelden onder andere de Verzekeringskamer aansprakelijk wegens falend toezicht. Het draaide in cassatie nog slechts om de vraag of de Verzekeringskamer een stille curator had moeten benoemen. De Haagse rechtbank toetste met betrekking tot de zorgvuldigheidsnorm terughoudend en oordeelde dat de Verzekeringskamer aan de norm van een 'redelijk handelend toezichthouder' had voldaan.[109] Het Haagse hof maakte daarentegen gebruik van een intensieve toetsing en oordeelde dat de Verzekeringskamer wel onrechtmatig had gehandeld jegens de polishouders.[110] Het verschil in uitkomst over de onrechtmatigheidsvraag kan worden verklaard door de manier waarop door de rechtbank en het hof consequenties werden verbonden aan het

---

[103] B.P.M. van Ravels, 'Kroniek overheidsaansprakelijkheid 2005/2006', *Aansprakelijkheid, Verzekering & Schade* 2007, 19.
[104] HR 13 oktober 2006, JOR 2006, 295 m.nt. D. Busch, r.o. 4.3.3 (*Vie d'Or*).
[105] Zie voor een verdere bespreking van deze maatstaf paragraaf 3.1.1.
[106] HR 13 oktober 2006, JOR 2006, 295 m.nt. D. Busch, r.o. 4.3.1 (*Vie d'Or*).
[107] Hof 's-Gravenhage 7 mei 2004, NJ 2004, 470, r.o. 7.2.
[108] Rb. 's-Gravenhage 13 juni 2001, JOR 2001, 215, Hof 's-Gravenhage 7 mei 2004, NJ 2004, 470 en HR 13 oktober 2006, JOR 2006, 295 m.nt. D. Busch (*Vie d'Or*).
[109] Rb. 's-Gravenhage 13 juni 2001, JOR 2001, 215, r.o. 3.10.
[110] Hof 's-Gravenhage 7 mei 2004, NJ 2004, 470, r.o. 7.5.

feit dat aan de Verzekeringskamer beleidsvrijheid toekwam. Op grond van artikel 34 Wet toezicht verzekeringsbedrijf (Wtv) beschikte de toezichthouder immers over de beleidsvrijheid om al dan niet een stille bewindvoerder te benoemen. De rechtbank oordeelde dat van onrechtmatigheid van de toezichthouder in geval van beleidsvrijheid slechts sprake is indien de toezichthouder niet in redelijkheid tot zijn beslissing had kunnen komen.[111] Het hof was echter van mening dat rekening houden met de beleidsvrijheid van de toezichthouder niet betekent dat slechts marginaal mag worden getoetst. Ook indien de toezichthouder beleidsvrijheid toekomt, is een volledige toetsing van de zorgvuldigheidsnorm volgens het hof op haar plaats.[112] De Hoge Raad heeft uiteindelijke in cassatie geoordeeld dat de rechter marginaal en derhalve terughoudend dient te toetsen of een toezichthouder aan de zorgvuldigheidsnorm heeft voldaan. Door de intensieve toetsing die het hof hanteerde, miskende het hof de mate waarin aan de toezichthouder beleids-en beoordelingsvrijheid toekwam bij de uitoefening van haar bevoegdheden, aldus de Hoge Raad.[113]

In de literatuur lopen de meningen over de wijze van toetsing door de rechter uiteen. Van Rossum[114] en Giesen[115] zijn het met het hof eens, dat indien aan een toezichthouder beleidsvrijheid toekomt, dit niet betekent dat de rechter dus marginaal moet toetsen. Bij de vraag of de toezichthouder zorgvuldig heeft gehandeld, is een volle toetsing op haar plaats, aldus Van Rossum en Giesen. Zij doelen op een volle toetsing van het overheidsoptreden aan de algemene beginselen van behoorlijk bestuur en het EVRM. Ook Albers en Heinen[116] zijn van mening dat een marginale toetsing en de daarmee samenhangende beperkte aansprakelijkheid niet op haar plaats is. Van Ravels kan zich echter niet vinden in bovengenoemde standpunten. Hij is van mening dat een volle toetsing door de rechter niet strookt met het beginsel van

---

[111] Rb. 's-Gravenhage 13 juni 2001, *JOR* 2001, 215, r.o. 3.10.
[112] Hof 's-Gravenhage 7 mei 2004, *NJ* 2004, 470, r.o. 7.5.
[113] HR 13 oktober 2006, *JOR* 2006, 295 m.nt. D. Busch, r.o. 4.3.3 (*Vie d'Or*).
[114] Van Rossum 2005, p. 34.
[115] Giesen 2005, p. 89 en 90.
[116] Albers & Heinen 2010.

de scheiding der machten.[117] Ook Van Dam betoogt dat het niet de bedoeling is dat de rechter op de stoel van het bestuur gaat zitten.[118]

Zoals ik in paragraaf 2.2 al betoogde mag de beleids- en beoordelingsvrijheid die de IGZ toekomt nooit een vrijwaring zijn voor het niet adequaat uitvoeren van haar handhavende en toezichthoudende taken. Bovendien mag die beleids- en beoordelingsvrijheid niet een rechtvaardiging zijn voor het schenden van de mensenrechten en de algemene beginselen van behoorlijk bestuur. Niettemin deel ik de mening van Van Ravels en Van Dam dat de rechter terughoudend dient te toetsen of de IGZ voldaan heeft aan de zorgvuldigheidsnorm.

Het is overigens van belang onderscheid te maken tussen beleid en uitvoering.[119] De Hoge Raad oordeelde in het Bussluis-arrest[120] dat onrechtmatigheid van gedragingen ter uitvoering van beleidsmatig gemaakte keuzes door de rechter volledig dient te worden getoetst.

---

[117] Van Ravels 2007.
[118] Van Dam 2006, p. 93.
[119] Van Dam 2006, p. 27.
[120] HR 20 maart 1992, *NJ* 1993, 547 (*Bussluis*).

Hoofdstuk 3: aspecten van de civiel-rechtelijke aansprakelijkheid van de IGZ

De grondslag die naar Nederlands recht voor de civielrechtelijke aansprakelijkheid van een toezichthouder wordt gehanteerd, is de onrechtmatige daad.[121] Tussen toezichthouder en derde zal immers veelal geen contractuele verbintenis bestaan, waardoor beroep op een toerekenbare tekortkoming,[122] oftewel wanprestatie, niet mogelijk is.[123] In dit hoofdstuk zal ik aan de hand van artikel 6:162 BW de vereisten voor civielrechtelijke aansprakelijkheid van de IGZ bespreken. In paragraaf 3.1 zal ik ingaan op de te hanteren zorgvuldigheidsnorm, waarna ik in paragraaf 3.2 de mogelijkheid tot een beroep op een rechtvaardigingsgrond zal bespreken. Vervolgens zal ik de aansprakelijkheid wegens nalaten bespreken (paragraaf 3.3). In de daaropvolgende paragrafen zal ik ingaan op de toerekenbaarheid van de onrechtmatige gedraging (paragraaf 3.4), het relativiteitsvereiste (paragraaf 3.5) en de aanwezigheid van causaal verband (paragraaf 3.6). In paragraaf 3.7 zal ik de verschillende vormen van bewijslastverdeling bespreken, waarna ik in paragraaf 3.8 zal ingaan op diverse vormen van schade. Ten slotte zal ik in paragraaf 3.9 ingaan op het huidige systeem van hoofdelijke aansprakelijkheid en de mogelijkheden tot beperking van de aansprakelijkheid van de IGZ.

3.1 Zorgvuldigheidsnorm

Voordat aansprakelijkheid van de IGZ kan worden aangenomen, dient ten eerste te worden vastgesteld dat zij onrechtmatig heeft gehandeld. Ingevolge artikel 6:162 lid 2 BW is in de volgende drie gevallen sprake van onrechtmatig handelen: door een inbreuk te maken op een recht van een ander, door te handelen in strijd met een wettelijke plicht of door te handelen in strijd met ongeschreven recht. Bij toezichthouders-aansprakelijkheid speelt voornamelijk de laatste categorie een belangrijke rol.[124] Wat houdt de formulering 'hetgeen volgens

---

[121] Artikel 6:162 BW.
[122] Artikel 6:74 BW.
[123] Giesen 2005, p. 100.
[124] Van Dam 2006, p. 88.

ongeschreven recht in het maatschappelijk verkeer betaamt' precies in? En welke zorgvuldigheidsnorm dient bij de aansprakelijkheid van de IGZ gehanteerd te worden? In de literatuur lopen de meningen over de invulling van deze norm uiteen. Hierna zal ik ingaan op de zorgvuldigheidsnorm die door de Hoge Raad in Vie d'Or[125] is gehanteerd en op de mogelijkheid van toepassing van de criteria uit het Kelderluik-arrest.[126]

3.1.1 Behoorlijk toezicht

In hoofdstuk 2, paragraaf 2.5 werd in het kader van wijze van toetsing door de rechter het arrest Vie d'Or besproken. Dit arrest is niet alleen van belang voor de vraag of de rechter marginaal of volledig dient te toetsen, maar ook voor de vraag wat de invulling van de zorgvuldigheidsnorm voor (financiële) toezichthouders dient te zijn. In eerste aanleg en hoger beroep hanteren respectievelijk de rechtbank en het hof een norm die overeenkomsten vertoont met de zorgvuldigheidsnorm die geldt voor artsen.[127] De rechtbank en het hof spreken van een "redelijk handelend toezichthouder".[128] De Hoge Raad hanteert echter een iets andere terminologie: "de eisen die aan een behoorlijk en zorgvuldig toezicht moeten worden gesteld".[129] Bij beoordeling van deze norm komt het volgens de Hoge Raad aan op alle omstandigheden van het geval, waartoe hij in rechtsoverweging een aantal gezichtspunten formuleert.

In de eerste plaats is van belang dat de rechter marginaal dient te toetsen indien de IGZ over een discretionaire bevoegdheid beschikt.[130] Het tweede gezichtspunt is, dat niet van belang is of de IGZ, achteraf oordelend, een betere beslissing had kunnen nemen. Het gaat erom of de IGZ met de kennis van toen in redelijkheid tot die beslissing heeft kunnen komen. Oftewel, de rechter mag het handelen van de IGZ niet

---

[125] HR 13 oktober 2006, *JOR* 2006, 295 m.nt. D. Busch (*Vie d'Or*).
[126] HR 5 november 1965, *NJ* 1966, 136 (*Kelderluik*).
[127] HR 9 november 1990, *NJ* 1991, 26 (*Speeckaert/Gradener*) waarin de Hoge Raad de volgende norm hanteert: 'een redelijk bekwaam en redelijk handelend specialist'.
[128] Rb. 's-Gravenhage 13 juni 2001, *NJ* 2001, 445, r.o. 3.10 respectievelijk Hof 's-Gravenhage 27 mei 2005, *NJ* 2004, 470, r.o. 7.5.
[129] HR 13 oktober 2006, *JOR* 2006, 295 m.nt. D. Busch, r.o. 4.3.3 (*Vie d'Or*).
[130] Zie voor een bespreking van de marginale toetsing door de rechter hoofdstuk 2, paragraaf 2.5.

beoordelen aan de hand van de 'benefit of hindsight'.[131] Een derde belangrijk gezichtspunt is de aard van het toezicht. Hierbij dient een onderscheid te worden gemaakt tussen preventief toezicht[132] en repressief toezicht.[133] Busch ziet het belang van het onderscheid tussen deze twee vormen van toezicht als volgt. Is het toezicht meer repressief van aard, dan mag men daar doorgaans minder hoge verwachtingen van hebben dan van toezicht dat meer preventief van aard is. Bij repressief toezicht heeft de primaire dader immers al onjuist gehandeld. De onzorgvuldigheid van het handelen van de IGZ zal derhalve over het algemeen minder snel kunnen worden aangenomen indien het toezicht meer repressief van aard is, dan wanneer het toezicht meer preventief van aard is.[134] Het vierde gezichtspunt is het doel van het toezicht. De IGZ heeft als primaire doelstelling het bewaken van de kwaliteit van de gezondheidszorg.[135] Indien de IGZ nalaat derden te beschermen tegen het onrechtmatig handelen van bijvoorbeeld een arts, is dat een indicatie dat zij als toezichthouder onrechtmatig heeft gehandeld. Het vijfde en laatste gezichtspunt is de complexe belangenafweging, oftewel het toezichthoudersdilemma.[136] Deze belangenafweging hangt nauw samen met de mate van beleidsvrijheid die een toezichthouder bezit.

Aangezien de meeste toezichthouders een publiekrechtelijke taak uitoefenen, pleit Van Rossum voorts voor toetsing van het handelen van toezichthouders aan de beginselen van behoorlijk toezicht.[137] Hieruit vloeit voort dat op de IGZ een (relatieve) civielrechtelijke beginselplicht tot handhaving rust.[138] Bovendien volgt uit de beginselen van behoorlijk toezicht dat het optreden van de IGZ berekenbaar moet

---

[131] D. Busch, *Aansprakelijkheid van financiële toezichthouders*, Nijmegen: Ars Aequi Libri 2010, p. 28.

[132] Bepaalde handelingen of gedragingen dienen van tevoren door de IGZ te worden goedgekeurd. Zie verder Van Rossum 2005, p. 12.

[133] Aan de IGZ zijn bevoegdheden verleend om de wet te handhaven. Denk hierbij aan het onder verscherpt toezicht stellen van een instelling of het opleggen van een last onder dwangsom. Zie verder Van Rossum 2005, p. 12.

[134] Busch 2010, p. 29.

[135] Artikel 36 lid 1 sub a en b Gezondheidswet.

[136] Zie voor een bespreking van het toezichthoudersdilemma hoofdstuk 2, paragraaf 2.3.

[137] Van Rossum 2005, p. 36.

[138] Zie voor een uitgebreide bespreking van deze beginselplicht hoofdstuk 2, paragraaf 2.1 en 2.2.

zijn. Zij kan dit bereiken door het uitvaardigen van beleidsregels, waardoor zorgaanbieders weten waar zij aan toe zijn. Deze beginselen dienen vervolgens te worden aangevuld met de algemene beginselen van behoorlijk bestuur, zoals het evenredigheidsbeginsel van artikel 3:4 lid 2 Awb en het zorgvuldigheidsbeginsel van artikel 3:2 Awb.[139] Ook A-G Timmerman is in zijn conclusie bij het Vie d'Or-arrest van mening dat met behulp van de algemene beginselen van behoorlijk bestuur de zorgvuldigheidsnorm nader kan worden bepaald.[140]

3.1.2 Kelderluikcriteria

Naast toetsing van het handelen van de IGZ aan de door de Hoge Raad geformuleerde norm van behoorlijk en zorgvuldig toezicht, de algemene beginselen van behoorlijk toezicht en de algemene beginselen van behoorlijk bestuur, wordt in de literatuur aangenomen dat bij de beoordeling van de vraag of een toezichthouder in strijd heeft gehandeld met het ongeschreven recht de Kelderluik-criteria[141] kunnen worden toegepast.[142] Het Kelderluik-arrest gaat over een situatie van gevaarzetting. Bij gevaarzetting is van belang om te bepalen of het jegens een derde onrechtmatig is om een gevaarlijke situatie in het leven te roepen of te laten voortbestaan. Op basis van de Kelderluikcriteria dient in geval van mogelijke aansprakelijkheid van de IGZ gelet te worden op "de aard en de ernst van het gevaar, de te verwachten schade, de grootte van de kans dat die schade zich verwezenlijkt, de voorzienbaarheid van de schade en de kosten van voorzorgsmaatregelen."[143] Aan de hand van deze criteria kan worden bepaald of de IGZ voldoende zorg heeft betracht om schade te voorkomen. In de in het vorige hoofdstuk besproken uitspraken Vuurwerkramp Enschede I[144] en II[145] werd door de rechter ook

---

[139] Van Rossum 2005, p. 42.
[140] A-G Timmerman in nr. 3.14 voor HR 13 oktober 2006, *JOR* 2006, 295 m.nt. D. Busch (*Vie d'Or*).
[141] HR 5 november 1965, *NJ* 1966, 136 (*Kelderluik*).
[142] Giesen 2005, p. 115-116, Van Rossum 2005, p. 64 e.v., Van Dam 2006, p. 91-92, Busch 2010, p. 35-36, Albers 2005, p. 490.
[143] Giesen 2005, p. 115.
[144] Rb. 's-Gravenhage 24 december 2003, *Gst.* 2004, 76, m.nt. R. Boesveld (*Vuurwerkramp Enschede I*). Zie voor een bespreking van dit vonnis hoofdstuk 2, paragraaf 2.4.

aansluiting gezocht bij de Kelderluikcriteria. De Kelderluikcriteria brengen met zich mee dat een afweging dient plaats te vinden tussen de omvang van het risico (aard en omvang van de schade, kans op schade) enerzijds en de, mede gelet op de aard van de gedraging, bezwaarlijkheid van de te nemen voorzorgsmaatregelen anderzijds.[146] Overigens dient bij toetsing aan de Kelderluikcriteria de verhoogde zorgplicht van de IGZ tot uitgangspunt te worden genomen.[147] Als behartiger van het algemeen belang rust op de IGZ als publiekrechtelijk toezichthouder immers een omvangrijkere zorgplicht dan op een gewone burger.[148]

Wat is het resultaat van toepassing van de Kelderluikcriteria op het (niet) handelen van de IGZ? De aard en omvang van de te verwachten schade is van invloed op de eisen die aan de te nemen voorzorgsmaatregelen worden gesteld.[149] Wanneer sprake is van een kans op ernstige schade, zal een grotere mate van zorgvuldigheid van de IGZ worden vereist, dan wanneer de te verwachten schade slechts gering is. Bovendien dient onderscheid te worden gemaakt tussen diverse vormen van schade: personenschade, zaakschade en zuivere vermogensschade.[150] Schade die kan ontstaan als gevolg van falend toezicht door de IGZ zal voornamelijk bestaan uit personenschade (dood of letsel). Deze vorm van schade komt over het algemeen sneller voor vergoeding in aanmerking dan zaakschade en zuivere vermogensschade.[151]
Daarnaast dient het intreden van (ernstige) schade voorzienbaar te zijn voor de IGZ. Van belang is of de IGZ het gevaar kende of behoorde te kennen. Naarmate de IGZ door meldingen of waarschuwingen beter bekend is met misstanden, neemt de voorzienbaarheid van de te ontstane schade toe.[152] Van de IGZ wordt dientengevolge verwacht dat

---

[145] Hof 's-Gravenhage 24 augustus 2010, *Gst.* 2010, 104 (*Vuurwerkramp Enschede II*). Zie voor een bespreking van dit arrest hoofdstuk 2, paragraaf 2.4.2.
[146] Van Rossum 2005, p. 66.
[147] Albers 2005, p. 491.
[148] Albers 2005, p. 490. Zie tevens hoofdstuk 2, paragraaf 2.1.
[149] Van Rossum 2005, p. 66.
[150] Zie paragraaf 3.8 voor een bespreking van het onderscheid tussen deze vormen van schade.
[151] Van Rossum 2005, p.67.
[152] Van Dam 2006, p. 123.

zij tot ingrijpen overgaat. Daarbij is van belang welke kennis en deskundigheid in het algemeen van de IGZ mag worden verwacht. Ik deel hierbij de mening van Van Rossum dat aan de deskundigheid van een professionele toezichthouder, in dit geval de IGZ, hoge eisen mogen worden gesteld.[153] De IGZ is immers belast met de bewaking van de kwaliteit van de gezondheidszorg.

De volgende factor is de aard van de gedraging. Bij de IGZ zal het veelal om een nalaten gaan.[154] In een concreet geval had de IGZ moeten ingrijpen, maar dat heeft zij niet gedaan. Volgens Van Rossum brengt de aard van de gedraging, een nalaten, met zich mee dat meer terughoudend in acht moet worden genomen dan bij de 'gewone' overheidsaansprakelijkheid.[155] De IGZ is immers niet de primaire dader.

Uit het arrest Korver/De Heel blijkt dat de bezwaarlijkheid van het nemen van veiligheidsmaatregelen samen met de kans op het ontstaan van schade één van de belangrijkste factoren is bij de onrechtmatigheidsvraag.[156] Van geval tot geval zal moeten worden beoordeeld wat in de gegeven omstandigheden van de IGZ mag worden verwacht. Zoals in paragraaf 2.4.1 van het vorige hoofdstuk reeds aan de orde kwam, zal rekening moeten worden gehouden met de mate van (beleids)vrijheid die de IGZ toekomt bij de verdeling van de beschikbare financiële en personele middelen over de diverse beleidsterreinen.[157]

De laatste factor betreft de kans op onoplettendheid en onzorgvuldigheid van de derde. Uit jurisprudentie die in paragraaf 2.4 van het vorige hoofdstuk werd besproken, blijkt echter dat deze factor niet van groot belang is. Van de derde mag immers niet worden verwacht dat hij maatregelen neemt ter inperking van risico's die hij zou kunnen lopen indien de IGZ onvoldoende toezicht houdt.[158]

Uit het voorgaande blijkt dat bij invulling van de zorgvuldigheidsnorm die de IGZ dient te hanteren de Kelderluikcriteria kunnen worden toegepast. Ik deel echter de mening van Van Ravels dat het zoeken van

[153] Van Rossum 2005, p. 68.
[154] Zie paragraaf 3.3 voor bespreking van aansprakelijkheid wegens nalaten.
[155] Van Rossum 2005, p. 75.
[156] HR 13 januari 1995, *NJ* 1997, 175 (*De Heel/Korver*).
[157] Rb. 's-Gravenhage 24 december 2003, *Gst.* 2004, 76, m.nt. R. Boesveld, r.o. 3.5.2 (*Vuurwerkramp Enschede I*).
[158] Van Rossum 2005, p. 73.

aansluiting bij de Kelderluikcriteria niet betekent dat deze criteria het uitgangspunt dienen te vormen bij beoordeling van de toezichthoudersaansprakelijkheid.[159] In het Kelderluik-arrest gaat het immers om aansprakelijkheid van de gevaarzetter zelf, de primaire dader.

3.2 Rechtvaardigingsgrond

De IGZ kan zich tegen aansprakelijkheid voor falend toezicht verweren door beroep te doen op een rechtvaardigingsgrond. Artikel 6:162 lid 2 BW luidt immers: "Als onrechtmatige daad worden aangemerkt een inbreuk op een recht en een doen of nalaten in strijd met een wettelijke plicht of met hetgeen volgens ongeschreven recht in het maatschappelijk verkeer betaamt, een en ander behoudens de aanwezigheid van een rechtvaardigingsgrond." De onrechtmatige gedraging van de IGZ verliest haar onrechtmatige karakter indien zij een geslaagd beroep doet op een rechtvaardigingsgrond.[160] Hierbij kan aansluiting worden gezocht bij de in artikel 40 van het Wetboek van Strafrecht (Sr) genoemde strafuitsluitingsgronden: overmacht, noodweer, wettelijk voorschrift en ambtelijk bevel.

In het kader van de toezichthoudersaansprakelijkheid is eigenlijk alleen een belangrijke rol weggelegd voor overmacht. In het strafrecht wordt met overmacht bedoeld een van buiten komende macht of dwang waaraan men geen weerstand kan en hoeft te bieden.[161] Toegepast op de toezichthoudersaansprakelijkheid betekent dit dat de IGZ wegens een van buiten komende onweerstaanbare drang niet kan handelen conform de eisen die aan behoorlijk en zorgvuldig toezicht worden gesteld. Overmacht zal zich met name voordien in de zin van noodtoestand, dat zich kenmerkt door een conflict van plichten.[162]

Een conflict van plichten doet zich bij de IGZ onder andere voor bij het in hoofdstuk 2, paragraaf 2.3 besproken toezichthoudersdilemma. De IGZ zal dikwijls voor een dilemma komen staan, waarbij zij een

---

[159] Van Ravels 2007, p. 7.
[160] A.S. Hartkamp & C.H. Sieburgh, *Mr. C. Assers Handleiding tot de beoefening van het Nederlands Burgerlijk Recht. 6. Verbintenissenrecht. Deel IV* De verbintenis uit de wet*, Deventer: Kluwer 2011, nr. 88. Zie voor het verschil met een schulduitsluitingsgrond Asser/Hartkamp & Sieburgh 2011 (6-IV*), nr. 113.
[161] Asser/Hartkamp & Sieburgh 2011 (6-IV*), nr. 89.
[162] Asser/Hartkamp & Sieburgh 2011 (6-IV*), nr. 90.

afweging dient te maken tussen te voortvarend optreden enerzijds en te gemakzuchtig of niet-handhavend optreden anderzijds. Voor de IGZ zal het niet altijd mogelijk zijn om zowel het algemene belang als een specifiek belang te dienen. Vraag is echter of in gevallen waarin sprake is van een toezichthoudersdilemma van een noodtoestand gesproken kan worden. Het behartigen van een hoger belang brengt immers niet zonder meer mee dat schending van een relatief lager belang civielrechtelijk gerechtvaardigd is. Met name als het hogere belang dat de IGZ beoogt te beschermen het opgeofferde belang van de derde niet aangaat, vormt de rechtvaardiging een probleem.[163] Voorts dient daarbij in aanmerking te worden genomen dat op de IGZ een verhoogde zorgplicht rust. Als behartiger van het algemeen belang rust op haar een omvangrijke zorgplicht dan op een gewone burger.[164] Bovendien is het doel van het toezicht van de IGZ om de belangen van individuele patiënten te beschermen. Het behartigen van 'hogere' belangen mag nooit leiden tot schending van de 'lagere' belangen van individuele patiënten. Het is per slot van rekening de taak van de IGZ om de kwaliteit van de gezondheidszorg te waarborgen.

De conclusie luidt dat indien zich bij de IGZ een conflict van plichten voordoet in het kader van het toezichthoudersdilemma, dit geen grond is voor een beroep op noodtoestand. Zij kan zich derhalve niet verweren door een beroep te doen op een rechtvaardigingsgrond.

3.3 Aansprakelijkheid wegens nalaten

In paragraaf 3.1.2 heb ik in het kader van bespreking van de Kelderluikcriteria in het kort stilgestaan bij aansprakelijkheid voor nalaten van de IGZ. Uit de literatuur blijkt dat aansprakelijkheid wegens nalaten slechts zelden wordt aanvaard.[165] In artikel 6:162 lid 2 BW wordt als onrechtmatige daad aangemerkt "een doen of nalaten in strijd (…) met hetgeen volgens ongeschreven recht in het maatschappelijke verkeer betaamt". In de wet wordt dus geen onderscheid gemaakt tussen handelen en nalaten. Is het dan van belang om bij beoordeling van de aansprakelijkheid van de IGZ wel een onderscheid te maken tussen onzorgvuldig handelen en onzorgvuldig

---

[163] Asser/Hartkamp & Sieburgh 2011 (6-IV*), nr. 90.
[164] Zie hoofdstuk 2, paragraaf 2.1.
[165] Van Rossum 2005, p. 98, Giesen 2004, p. 7.

nalaten? Van Rossum is van mening dat in verband met de moeilijkheid van het onderscheid tussen handelen en nalaten, het voor de beoordeling van de onzorgvuldigheid van de toezichthouder niet van belang is of hij verkeerd heeft ingegrepen of heeft nagelaten in te grijpen. Veel situaties kunnen namelijk als een nalaten of als een doen worden beschouwd: de automobilist die door niet tijdig te stoppen een ongeluk veroorzaakt op een kruispunt, heeft of nagelaten tijdig te remmen of hij heeft onzorgvuldig gereden. Volgens Van Rossum is het onderscheid tussen een doen of een nalaten niet van belang, omdat het er in feite om gaat dat van een toezichthouder redelijkerwijs verwacht mag worden dat hij voorzienbare risico's tijdig herkent en beheerst. Of het dan om een doen of een nalaten gaat, doet uiteindelijk niet ter zake, aldus Van Rossum.[166]

Tjong Tjin Tai is echter van mening dat voor bepaalde vormen van nalaten het onderscheid tussen een doen en een nalaten wel van belang is.[167] Hij stelt voor onderscheid te maken tussen drie soorten nalaten: nalaten in het doen, aansprakelijkheid voor het doen van anderen wegens tekortschieten in de zorgplicht en zuiver nalaten. Hierna zal ik deze categorisering in drie soorten nalaten uitwerken en toepassen op de IGZ.

De eerste categorie nalaten betreft gevallen waarin de verplichting tot handelen berust op een eerder doen. Tjong Tjin Tai geeft hier het voorbeeld van een automobilist die aansprakelijk is indien hij nalaat te remmen voor een voetganger die oversteekt. Het gaat om gevallen waarin een causaal (condicio sine qua non-) verband bestaat tussen de schade en een eerdere daad van de laedens. En het nalaten (te remmen) betekent dat schade ontstaat als gevolg van het handelen (onzorgvuldig rijden). Volgens Tjong Tjin Tai is het voor deze categorie van nalaten niet van belang om een onderscheid te maken tussen een doen of een nalaten. De onzorgvuldigheid van de laedens kan immers als een nalaten binnen een ruimere daad worden aangemerkt. Het gebrek aan toezicht van de IGZ kan niet onder deze categorie worden geschaard. De (eventuele) ontstane schade staat immers in direct causaal verband

---

[166] Van Rossum 2005, p. 100.
[167] T.F.E. Tjong Tjin Tai, 'Nalaten als onrechtmatige daad', *NJB* 2007, 40.

met het handelen van de primaire dader, niet met het handelen dan wel nalaten van de IGZ.[168]

De tweede categorie van nalaten betreft gevallen waarin de laedens aansprakelijk is voor het doen van anderen wegens het tekortschieten in de zorgplicht. Voorbeelden van deze risico-aansprakelijkheid zijn de aansprakelijkheid voor kinderen[169] en opstallen.[170] De laedens is aansprakelijk voor het tekortschieten in de zorgplicht (het nalaten), ook al was hij niet in de buurt en niet in de gelegenheid om de schade te voorkomen. De grondslag voor aansprakelijkheid is de zeggenschap die de laedens heeft over het doen van de ander.[171] Op het eerste gezicht kan het niet ingrijpen van de IGZ in deze categorie worden ingedeeld. De IGZ heeft immers de (zorg)plicht om de patiëntveiligheid te bewaken. Probleem is echter dat zij niet de primaire zeggenschap heeft over het handelen van bijvoorbeeld een arts. Deze primaire zeggenschap berust bij de RvB van het ziekenhuis. De IGZ heeft weliswaar de bevoegdheid om in te grijpen, maar zij kan schade toebrengen aan diegene op wie zij toezicht houdt en derhalve aansprakelijkheid worden gehouden indien zij te vroeg ingrijpt.[172] Het indelen van het nalaten van de IGZ in deze categorie van risico-aansprakelijkheid is derhalve niet geschikt.

De derde categorie van nalaten gaat over zuiver nalaten. Het gaat dan niet om nalaten dat in verband staat met een eerder doen of om nalaten dat samenhangt met de zorg voor een persoon of object. Bij zuiver nalaten is over de oorzaak van de ontstane schade geen zeggenschap. In deze categorie gaat het om een foutaansprakelijkheid: de laedens had een plicht tot handelen maar heeft dit ten onrechte nagelaten. Een handelingsplicht wordt slechts aangenomen in noodsituaties. Een algemene rechtsplicht tot handelen bestaat niet. Derhalve kan niet ieder zuiver nalaten leiden tot aansprakelijkheid.[173] De Hoge Raad heeft in het arrest Struikelende broodbezorger[174] aangenomen dat alleen in gevallen van zuiver nalaten een plicht tot handelen (opheffing van

---

[168] Tjong Tjin Tai 2007.
[169] Artikel 6:169 BW.
[170] Artikel 6: 178 BW.
[171] Tjong Tjin Tai 2007.
[172] Dit is het toezichthoudersdilemma dat ik reeds in hoofdstuk 2, paragraaf 2.3 heb besproken.
[173] Tjong Tjin Tai 2007.
[174] HR 22 november 1974, NJ 1975, 149 m.nt. G.J. Scholten (*Struikelende broodbezorger*).

gevaar of waarschuwen) bestaat, indien "de ernst van het gevaar tot het bewustzijn van de waarnemer is doorgedrongen" of indien sprake is van een speciale relatie tussen laedens en het slachtoffer.[175] In gevallen van toezicht bestaat altijd een speciale relatie tot de (primaire) dader[176] op wie toezicht wordt gehouden, maar slechts in uitzonderlijke gevallen tot het slachtoffer.[177] Voor aansprakelijkheid van de IGZ lijkt dan ook met name van belang of de ernst van het gevaar tot haar bewustzijn is doorgedrongen. Het is echter de vraag of dit strikte criterium tot uitgangspunt moet worden genomen bij de toezichthouders-aansprakelijkheid. Zoals ik in hoofdstuk 2 immers al concludeerde, vloeit uit het vertrouwensbeginsel en de rechtspraak van het EHRM een relatieve handhavingsplicht voor de IGZ voort. Ook Albers is van mening dat dit door de Hoge Raad geformuleerde bewustzijnscriterium niet het uitgangspunt mag zijn bij aansprakelijkheid van toezichthouders. De overheid beschikt volgens Albers niet voor niets over wettelijke toezichts- en handhavingsbevoegdheden.[178] Bovendien heeft de IGZ als toezichthouder een specifieke taak opgedragen gekregen.[179] Daarnaast kan gewezen worden op het reeds besproken kennisoverschot aan de zijde van de IGZ, dat inhoudt dat de IGZ als publiekrechtelijk toezichthouder de mogelijkheid heeft om van risico's op de hoogte te zijn. Beslissend is niet of de IGZ in een concreet geval de ernst van het gevaar had *kunnen* weten, maar of zij als toezichthouder de ernst van het gevaar had *moeten* weten. Ook dit pleit voor het aanleggen van een lagere drempel bij het aannemen van aansprakelijkheid van de IGZ wegens zuiver nalaten.[180]

---

[175] Van een speciale relatie tussen laedens en slachtoffer was sprake in het in paragraaf 3.1.2 aangehaalde arrest De Heel/Korver, waarin het ziekenhuis aansprakelijk werd geacht jegens patiënt Korver die uit zijn bed was gevallen, omdat het ziekenhuis nagelaten had voldoende op te letten of voorzorgsmaatregelen te nemen.

[176] Van Dam ziet de speciale relatie tussen toezichthouder en dader ook als mogelijkheid voor het vestigen van aansprakelijkheid van de toezichthouder wegens (zuiver) nalaten. Kanttekening hierbij is wel dat Van Dam met name doelt op toezichthouders die een speciale verantwoordelijkheid dragen voor de veiligheid van een ander, zoals ouders en scholen. Van Rossum 2005, p. 99-100.

[177] Giesen 2005, p. 65-66.

[178] Albers 2005, p. 490.

[179] Het bewaken van de kwaliteit van de gezondheidszorg. Artikel 36 lid 1 onder a en b Gezondheidswet.

[180] Tjong Tjin Tai 2007.

3.4 Toerekenbaarheid

Naast de onrechtmatigheidseis die hiervoor is behandeld, dient de onrechtmatige daad aan de IGZ te kunnen worden toegerekend. Ingevolge artikel 6:162 lid 3 BW kan dit op drie manieren: (1) op grond van schuld, (2) de wet en (3) de in het verkeer geldende opvattingen. Toerekening op grond van schuld ziet op de verwijtbaarheid van de onrechtmatig gedraging van de IGZ. Dit houdt in dat de IGZ wist of behoorde te weten dat haar gedraging in strijd was met het (on)geschreven recht.[181] Toerekening op grond van de wet is met name van belang bij het onrechtmatig handelen van een dader met een lichamelijke of geestelijke tekortkoming ingevolge artikel 6:165 BW.[182] Daarnaast speelt bij toerekening van een onrechtmatige daad aan de IGZ toerekening op grond van de in het verkeer geldende opvattingen een belangrijke rol.[183]

3.4.1 Toerekening op grond van schuld

Toerekening op grond van schuld is mogelijk als de IGZ wist of behoorde te weten dat haar gedraging in strijd was met het geschreven of ongeschreven recht.[184] Van haar wordt dientengevolge verwacht dat zij het risico kende of behoorde te kennen en zij het risico had kunnen of behoren te vermijden.[185] Beperking van aansprakelijkheid van de IGZ voor gevallen van opzet en grove schuld, zoals die sinds 1 juli 2012 geldt voor de Nederlandse Bank (DNB) en de Autoriteit Financiële Markten (AFM),[186] lijkt mij niet wenselijk. De (mogelijke) gevolgen van het onrechtmatig handelen of nalaten door DNB of de AFM zijn immers niet te vergelijken met de (mogelijke) gevolgen van het onrechtmatig handelen of nalaten door de IGZ. De schade die derden lijden als gevolg van het inadequate toezicht door DNB of de AFM zal veelal bestaan uit vermogensschade. Daarentegen kan het falende toezicht door de IGZ verstrekkende gevolgen hebben voor de gezondheid van derden, waarbij de door derden geleden schade veelal zal bestaan uit personenschade.

---

[181] Van Dam 2006, p.88.
[182] Van Dam 2006, p. 88.
[183] Busch 2010, p. 38-39, Van Dam 2006, p. 88.
[184] Van Dam 2006, p. 88.
[185] Albers 2005, p. 491.
[186] Artikel 1:25d Wft.

Toerekening van een onrechtmatige daad aan de IGZ levert geen belemmering op indien sprake is van concreet toezichtsfalen.[187] Bij de IGZ is dan immers geklaagd over een onveilige situatie. De IGZ kan derhalve niet meer beweren dat zij niet op de hoogte was van het risico. Een voorbeeld van een zaak waarin door de (lagere) overheid voldaan was aan deze voorwaarde is de zaak Oudewater,[188] waarin aansprakelijkheid van de gemeente voor concreet toezichtsfalen werd aangenomen.[189] Omwonenden hadden immers vele malen geklaagd bij de gemeente over de voorgenomen (risicovolle) graafwerkzaamheden. De voorzieningenrechter oordeelde derhalve dat voor de gemeente voorzienbaar moet zijn geweest of behoorde te zijn dat schade zou ontstaan aan omliggende huizen indien geen maatregelen zouden worden genomen.

Ook indien sprake is van algemeen toezichtsfalen mag toerekening niet snel een belemmering voor aansprakelijkheid opleveren, aldus Albers.[190] Als behartiger van het algemeen belang berust op de overheid immers een verhoogde zorgplicht.[191] Daarnaast kan ook nog gewezen worden op het in hoofdstuk 2, paragraaf 2.1 besproken kennis- en kundeoverschot van de IGZ, waaruit voortvloeit dat van de IGZ verwacht mag worden dat zij eerder dan de gemiddelde burger van risico's op de hoogte is of behoort te zijn. Bovendien beschikt zij net als zelfstandige bestuursorganen over diverse handhavingsbevoegdheden, zoals de last onder dwangsom en de bestuurlijke boete.[192] Derhalve dient het 'kunnen of behoren te vermijden van het risico' geen problemen op te leveren, aldus Albers.[193]

3.4.2 Toerekening op grond van verkeersopvattingen

Naast toerekening van een onrechtmatige daad op grond van schuld, kan toerekening plaatsvinden op grond van verkeersopvattingen. Dit betekent dat de onrechtmatige gedraging de IGZ kan worden

---

[187] Zie voor het onderscheid tussen algemeen en concreet toezichtsfalen hoofdstuk 2, paragraaf 2.4.
[188] Rb. Utrecht 26 augustus 2003, *JB* 2003, 304, m.nt. C.L.G.F.H. Albers (*Oudewater*).
[189] Zie hoofdstuk 2, paragraaf 2.1 en 2.4.2.
[190] Albers 2005, p. 491-492.
[191] Zie voor bespreking van de verhoogde zorgplicht hoofdstuk 2, paragraaf 2.1.
[192] Respectievelijk art. 5:31d en art. 5:40 Awb.
[193] Albers 2005, p. 491-492.

toegerekend zonder dat haar een verwijt valt te maken.[194] De inhoud van de verkeersopvattingen kan aan de hand van twee factoren worden bepaald, namelijk: (1) de hoedanigheid van de dader en (2) de aard van de gedraging.[195]

De factor 'hoedanigheid van de dader' ziet op de maatschappelijke positie die de IGZ bekleedt. De hoedanigheid van de dader (in het kader van zijn persoonlijke kenmerken) is met name van belang voor de mate van zorgvuldigheid die van de dader verwacht mag worden.[196] Sieburgh is van mening dat de hoedanigheid van de dader ook van invloed is op de toerekenbaarheid van de onrechtmatige daad. Het feit dat de IGZ onderdeel uitmaakt van het Ministerie van VWS is van invloed op de toerekenbaarheid.[197] De IGZ is als toezichthouder immers deskundig op het gebied van toezicht en handhaving in de gezondheidszorg. Bovendien beschikt zij over een kennis- en kundeoverschot. Een beroep van een gemiddelde burger op het ontbreken van schuld wegens een gebrek aan kennis en kunde kan tot gevolg hebben dat de gedraging hem niet wordt toegerekend. Voor de IGZ betekent een beroep op het ontbreken van schuld wegens een gebrek aan kennis en kunde echter dat de onrechtmatige gedraging ook buiten schuld op grond van de verkeersopvattingen voor haar rekening komt.[198]

Bij de factor 'aard van de gedraging' is van belang om te bepalen in hoeverre de gedraging van de IGZ van invloed is geweest op het ontstaan van schade en in welke mate zij de kans op het ontstaan van schade heeft vergroot.[199] Mijns inziens is hier van belang dat de IGZ niet de primaire, maar secundaire dader is. De IGZ heeft immers door haar handelen (lees: nalaten) het risico op het intreden van de schade niet eenzijdig vergroot. In eerste instantie is het (onrechtmatig) handelen van de primaire dader, bijvoorbeeld een arts, van invloed op het ontstaan van de schade bij de derde. Van de IGZ mag echter als

---

[194] C.H. Sieburgh, *Toerekening van een onrechtmatige daad* (diss. Groningen), Deventer: Kluwer 2000, p. 215.

[195] Sieburgh 2000, p. 222.

[196] Zie bijvoorbeeld Tjong Tjin Tai 2007, waarin hij afhankelijk van de vorm van nalaten een objectieve dan wel subjectieve maatstaf aanlegt voor de te verwachten kennis van de dader.

[197] Sieburgh 2000, p. 234-239.

[198] Sieburgh 2000, p. 224.

[199] Sieburgh 2000, p. 240.

toezichthouder (als deskundige) worden verwacht dat zij risico's op het ontstaan van schade tijdig inziet en derhalve tot ingrijpen overgaat.[200]

3.5 Relativiteitsvereiste

Diegene die een rechtsnorm overtreedt en daardoor onrechtmatig handelt, dient de door zijn toedoen ontstane schade te vergoeden, maar "geen verplichting tot schadevergoeding bestaat, wanneer de geschonden norm niet strekt tot bescherming tegen de schade zoals de benadeelde die heeft geleden."[201] Het relativiteitsvereiste bestaat uit twee onderdelen: zowel (1) de benadeelde derde, als (2) de door de derde geleden schade dient onder het beschermingsbereik van de geschonden publiekrechtelijk norm te vallen.[202] De relativiteitseis van artikel 6:163 BW kan een beperking van de aansprakelijkheid van de toezichthouder opleveren. Zoals hierna zal blijken uit relevante rechtspraak, levert de strekking van diverse publiekrechtelijk normen problemen op bij toewijzing van de (toezichthouders)aansprakelijkheid voor de schade die derden hebben geleden.

3.5.1 Duwbak Linda

Het arrest Duwbak Linda is een voorbeeld van een uitspraak waarin toepassing van de relativiteitseis van groot belang was voor de aansprakelijkheid van een toezichthouder.[203] In dit arrest had de eigenaar van de duwbak Linda een certificaat gekregen van de Staat (de toezichthouder) om deel te nemen aan het binnenscheepvaartverkeer. Korte tijd later veroorzaakt de Linda een ongeluk waarbij drie andere vaartuigen beschadigd raken. Wat blijkt, de duwbak verkeerde in zeer slechte staat, als gevolg waarvan hij uiteindelijk is gezonken. Dientengevolge stelt de eigenaar onder meer de toezichthouder (de Staat) aansprakelijk wegens het ondeugdelijk uitvoeren van de keuring van de Linda en afgifte van het certificaat.

Bij de beantwoording van de vraag of voldaan is aan het relativiteitsvereiste komt het volgens de Hoge Raad aan op "het doel en de strekking van de geschonden norm, aan de hand waarvan moet

---

[200] Sieburgh 2000, p. 241-242.
[201] Artikel 6:163 BW.
[202] Van Rossum 2005, 80.
[203] HR 7 mei 2004, *NJ* 2006, 281, m.nt. J. Hijma, (*Duwbak Linda*).

worden onderzocht tot welke personen en tot welke schade en welk wijzen van ontstaan van schade de daarmee beoogde bescherming zich uitstrekt."[204] De Hoge Raad oordeelt vervolgens dat de desbetreffende wetgeving tot doel heeft "de veiligheid in algemene zin van het scheepvaartverkeer te bevorderen",[205] maar concludeert dat eiser daaraan geen vordering tot schadevergoeding van de Staat kan ontlenen. Reden hiervoor is, aldus de Hoge Raad, dat aan de desbetreffende wetgeving

> "niet [kan, WD] worden ontleend dat deze regelingen mede strekken tot bescherming van het individuele vermogensbelang van [...] derden [...]. Hierbij is in aanmerking te nemen dat de betrokkenheid van de Staat bij de afgifte van het certificaat van onderzoek en de daarvoor vereiste keuring van schepen voortvloeit uit de algemene verantwoordelijkheid van de overheid voor de veiligheid van het scheepvaartverkeer. [...] Het certificaat geeft echter, zoals het hof eveneens met juistheid overwoog, geen garantie voor (een gedurende de periode waarvoor het is verleend blijvende) deugdelijkheid van het schip. [...] Tegen deze achtergrond moet worden geoordeeld dat [...] de algemene verantwoordelijkheid van de Staat voor een veilige scheepvaartverkeer [...] niet de strekking heeft een in beginsel onbeperkte groep van derden te beschermen tegen de vermogensschade die op een vooral veelal niet te voorziene wijze kan ontstaan doordat de ondeugdelijkheid en onveiligheid van het schip bij de door of onder verantwoordelijkheid van de Staat verrichte keuring ten onrechte niet aan het licht is gekomen."[206]

Het arrest heeft in de literatuur veel kritiek gekregen, met name door Giesen en Van Maanen. Giesen is van mening dat de beperkte uitleg van de Hoge Raad over de bescherming die de desbetreffende wetgeving biedt, verband houdt met de wil van voornamelijk A-G Spier om overheidsaansprakelijkheid voor falend toezicht te

---

[204] HR 7 mei 2004, *NJ* 2006, 281, m.nt. J. Hijma, r.o. 3.4.1 (*Duwbak Linda*).
[205] HR 7 mei 2004, *NJ* 2006, 281, m.nt. J. Hijma, r.o. 3.4.2 (*Duwbak Linda*).
[206] HR 7 mei 2004, *NJ* 2006, 281, m.nt. J. Hijma, r.o. 3.4.3 (*Duwbak Linda*).

voorkomen.[207] Ook Van Maanen is niet te spreken over de uitleg die de Hoge Raad geeft aan het relativiteitsvereiste. Volgens hem probeert de Hoge Raad in Duwbak Linda het probleem van de wettelijke limitering, dat speelt bij aansprakelijkheid van de eigenaar van de Linda, op te lossen aan de hand van een grondige beperking van de (toezichthouders)aansprakelijkheid. Volgens Van Maanen beoogt de geschonden norm wél de veiligheid van bepaalde personen te beschermen. Daarnaast vraagt hij zich af of in het arrest wel gesproken kan worden van een 'in beginsel beperkte groep van derden'. Ik deel hierbij zijn mening dat het bij een scheepsongeval, net als in deze casus, vaak slechts om een beperkt aantal schepen zal gaan. Bovendien stelt hij (terecht) de vraag of in Duwbak Linda wel sprake is van (zuivere) vermogensschade. Volgens Van Maanen gaat het in dit arrest om zaakschade, die op volstrekt voorzienbare wijze ontstaat: "als de Linda verrot is kan ze schepen waaraan ze is vastgemaakt mee naar de kelder trekken."[208]

3.5.2 Vie d'Or

Het relativiteitsvereiste heeft daarnaast een belangrijke rol gespeeld in het reeds besproken arrest Vie d'Or, waarin de polishouders van Vie d'Or de Verzekeringskamer en de voormalige accountants van Vie d'Or aansprakelijk stelden wegens falend toezicht.[209] Opvallend is dat in dit arrest aansprakelijkheid van de toezichthouder op grond van het relativiteitsvereiste wel werd aangenomen. In Vie d'Or konden de polishouders wel bescherming ontlenen aan de desbetreffende wetgeving die de Verzekeringskamer verplichtte tot behoorlijk toezicht, terwijl de eigenaar van de schepen in Duwbak Linda niet bescherming genoot van de ingeroepen norm.

De eerste reden hiervoor is het verschil in uitkomst over de beoordeling van het beschermingsbereik van de geschonden norm. In Vie d'Or oordeelt de Hoge Raad – anders dan in Duwbak Linda – dat de desbetreffende wetgeving "mede tot doel heeft het financiële belang van een polishouder [...] te beschermen. Het strookt met het stelsel van de wet, het doel van het toezicht en met de bedoeling van de wetgever [...] dat dit wettelijk toezicht – naast het algemene belang van

---

[207] Giesen 2005, p. 170.
[208] Van Maanen 2007, p. 130.
[209] HR 13 oktober 2006, *JOR* 2006, 295 m.nt. D. Busch (*Vie d'Or*).

bescherming en bevordering van het vertrouwen in het verzekeringswezen – mede beoogt de individuele vermogensbelangen [...] zo goed mogelijk te beschermen tegen het gevaar dat de verzekeraar niet aan zijn verplichtingen tegenover de betrokken polishouders kan voldoen".[210]

Ten tweede oordeelt de Hoge Raad dat de voormalige polishouders "tot een in beginsel bepaalbare groep van (potentiële) benadeelden" behoren.[211] In Vie d'Or ging het namelijk om een weliswaar grote maar bepaalbare groep van 10.000 polishouders,[212] terwijl volgens de Hoge Raad in Duwbak Linda niet was te voorspellen wie schade zou lijden als gevolg van een ondeugdelijk en onveilig schip.

Het derde verschil tussen beide arresten is het oordeel van de Hoge Raad over de voorzienbaarheid van de geleden schade. A-G Timmermans stelt in zijn conclusie bij Vie d'Or dat de vermogensschade die de polishouders hebben geleden – anders dan de geleden vermogensschade in het Duwbak Linda-arrest – als een voorzienbaar gevolg van het toezichtsfalen moet worden geacht.[213]

In paragraaf 3.5.1 noemde ik al de kritiek van Van Maanen op het oordeel van de Hoge Raad in Duwbak Linda over de bepaalbaarheid en de voorzienbaarheid van de schade. Daarnaast vragen Van Ravels[214] en Albers en Heinen[215] zich – mijns inziens terecht – af of er wel relevante verschillen bestaan tussen het arrest Vie d'Or en het Duwbak Linda-arrest op het punt van bepaalbaarheid en voorzienbaarheid. Evenals Van Maanen zijn Albers en Van Heinen van mening dat in Duwbak Linda de groep van potentiële benadeelden wel degelijk bepaalbaar is. Degenen die in de directe nabijheid van een onveilig schip deelnemen aan het scheepvaartverkeer zullen mogelijkerwijs schade lijden indien dit schip zinkt of een aanvaring veroorzaakt.[216] Hartkamp en Sieburgh gaan echter nog een stap verder. Zij vragen zich af waarom de

---

[210] HR 13 oktober 2006, JOR 2006, 295 m.nt. D. Busch, r.o. 4.2.2 (*Vie d'Or*).
[211] HR 13 oktober 2006, JOR 2006, 295 m.nt. D. Busch, r.o. 4.2.2 (*Vie d'Or*).
[212] A-G Timmerman in nr. 4.14 voor HR 13 oktober 2006, JOR 2006, 295 m.nt. D. Busch (*Vie d'Or*).
[213] A-G Timmerman in nr. 4.14 voor HR 13 oktober 2006, JOR 2006, 295 m.nt. D. Busch (*Vie d'Or*).
[214] Van Ravels 2007.
[215] Albers & Heinen 2008, p. 680.
[216] Albers & Heinen 2008, p. 680.

(on)beperktheid van een groep benadeelden beslissend is. Indien de geschonden norm strekt tot bescherming tegen de schade zoals de benadeelden die hebben geleden, is het volgens hen irrelevant of die benadeelden tot een bepaalde of onbepaalde groep behoren. Aansprakelijkheid van de toezichthouder mag derhalve niet worden afgewezen wegens het ontbreken van de relativiteit.[217]

3.5.3 Toepassing van het relativiteitsvereiste op de IGZ

Wat betekenen bovengenoemde arresten concreet voor de aansprakelijkheid van de IGZ voor falend toezicht? Ten eerste is van belang om te bepalen of de IGZ, net zoals de Staat (de Scheepvaartinspectie) in het Duwbak Linda-arrest, slechts in algemene zin toezicht houdt. Voorts dient te worden vastgesteld wat het specifieke doel van het toezicht van de IGZ is en wat de bedoeling van de wetgever is geweest bij het opstellen van de verschillende wetten waarop de IGZ toezicht houdt. De IGZ heeft primair tot taak om de kwaliteit van de gezondheidszorg te bewaken: zij houdt "toezicht op de naleving en de opsporing van overtredingen [...] op het gebied van de volksgezondheid".[218] Betekent dit dat de IGZ slechts in algemene zin toezicht houdt op de veiligheid en kwaliteit van de gezondheidszorg? En heeft dat derhalve tot gevolg dat de relativiteitseis een belemmering vormt voor civielrechtelijke aansprakelijkheid van de IGZ? Bij bestudering van de wetgeving waarop de IGZ toezicht houdt, kan geconcludeerd worden dat hiervan geen sprake is. Artikel 2 KWZ spreekt immers van verantwoorde zorg die "doelmatig en patiëntgericht wordt verleend en die is afgestemd op de reële behoefte van de patiënt. " Daarnaast dient de zorgaanbieder op grond van artikel 3 KWZ zorg te dragen voor geestelijke verzorging, die "zoveel mogelijk aansluit bij de godsdienst of levensovertuiging van de patiënten of cliënten." Bovendien dient de zorgaanbieder calamiteiten die tot schadelijke gevolgen voor een patiënt hebben geleid, te melden aan de IGZ.[219] Dat de IGZ niet (slechts) in algemene zin toezicht houdt op de kwaliteit van de gezondheidszorg blijkt eveneens uit de preambule bij de Wet BIG. In de preambule staat dat het doel van de Wet BIG is om een

---

[217] Asser/Hartkamp & Sieburgh 2011 (6-IV*), nr. 134.
[218] Artikel 36 lid 1 onder a en b Gezondheidswet.
[219] Artikel 4a KWZ.

ruimer gebied van de individuele gezondheidszorg te bestrijken dan de voorgaande regeling.

Voorts is van belang dat indien schade ontstaat bij derden, hetgeen (mede) het gevolg is van falend toezicht van de IGZ, veelal sprake zal zijn van letsel- of overlijdensschade. Dit in tegenstelling tot de geleden vermogensschade van derden in de arresten Vie d'Or en Duwbank Linda. Zoals ik reeds in paragraaf 3.1.2 concludeerde, komt personenschade over het algemeen sneller voor vergoeding in aanmerking dan zaakschade en zuivere vermogensschade.[220]

Vervolgens dient bepaald te worden of de derden die schade hebben geleden 'tot een in beginsel bepaalbare groep van (potentiële) benadeelden' behoren. Van belang is of in een dergelijk geval te voorspellen was wie mogelijk schade zouden lijden als gevolg van het onrechtmatig handelen van bijvoorbeeld een arts. Mijns inziens levert dit criterium geen problemen op. Alleen derden die bijvoorbeeld onder behandeling staan van een onrechtmatig handelende arts lijden mogelijk schade. Zij behoren derhalve tot een in beginsel bepaalbare groep van (potentiële) benadeelden.

Ook de eis van voorzienbaarheid van de schade levert geen problemen op bij aansprakelijkheid van de IGZ. Van de IGZ mag immers worden verwacht, dat zij kan voorzien dat schade kan ontstaan bij derden indien zij nalaat in te grijpen en een onrechtmatige situatie laat voortbestaan. Kortom, het relativiteitsvereiste van artikel 6:163 BW hoeft geen belemmering te zijn voor aansprakelijkheid van de IGZ voor falend toezicht.

3.6 Causaal verband

Voorts is voor de aansprakelijkheid van de IGZ van belang, dat een causaal (condicio cine qua non-) verband bestaat tussen het (niet) handelen van de IGZ en de schade zoals de benadeelde derde die heeft geleden.[221] Hierbij is bepalend of de schade die de derde heeft geleden

---

[220] Ook Van Dam stelt (terecht) dat indien in het Duwbak Linda-arrest sprake zou zijn geweest van personenschade, de schade van de benadeelde derden wellicht wel binnen het beschermingsbereik van de betreffende wetgeving zouden vallen. Van Dam 2006, p. 32. Zie ook Albers 2005, p. 492.
[221] Artikel 6:162 lid 1 BW.

in redelijkheid aan de IGZ kan worden toegerekend in de zin van artikel 6:98 BW.[222]

3.6.1 Condicio sine qua non-toets

De vraag die vervolgens gesteld dient te worden, is de volgende: zou de schade ook zijn ingetreden indien de IGZ wel voldoende of correct toezicht zou hebben uitgeoefend? [223] Indien de vraag met 'ja' wordt beantwoord, betekent dit dat het causaal verband tussen het (niet) handelen van de IGZ en de ingetreden schade ontbreekt.

Van belang is overigens dat bij toezichthoudersaansprakelijkheid zowel het (niet) handelen van de toezichthouder, de secundaire dader, als het handelen van de primaire dader een voorwaarde is voor het intreden van de gehele schade zoals de benadeelde derde die heeft geleden.[224] Bij toezichthoudersaansprakelijkheid is dan ook veelal sprake van meervoudige causaliteit. Twee samenlopende oorzaken hebben immers tezamen de schade veroorzaakt.[225]

Omdat het bij aansprakelijkheid voor falend toezicht veelal zal gaan om een nalaten, dient bovendien te worden beoordeeld of adequaat ingrijpen van de IGZ de schade zou hebben voorkomen. Volgens Giesen gaat men in Nederland er echter vanuit dat een nalaten wel causaal kan zijn.[226] De vraag of bij aansprakelijkheid van de IGZ voor nalaten aan de eis van causaliteit wordt voldaan, is echter doorgaans lastig. Giesen verwoordt het als volgt: "beoordeeld dient te worden wat hypothetisch gebeurd zou zijn als er hypothetisch gesproken wel gehandeld zou zijn."[227] Met name in gevallen van algemeen toezichtsfalen is het aantonen van causaal verband lastig. Het is immers bijna onmogelijk om aan te tonen dat het onrechtmatig handelen van de primaire dader en de daardoor ontstane schade niet zou zijn ontstaan als de IGZ wél voldoende controle had uitgeoefend. Daarentegen is het in gevallen van concreet toezichtsfalen minder lastig om het causaal verband aan te tonen. De IGZ is dan immers door middel van waarschuwingen en/of meldingen van misstanden op de

---

[222] Giesen 2005, p. 175.
[223] Giesen 2005, p. 171.
[224] Busch 2010, p. 47.
[225] Albers 2005, p. 493.
[226] Giesen 2005, p. 171 met verwijzing naar relevante literatuur.
[227] Giesen 2005, p. 171.

hoogte. Had de IGZ in een concrete situatie ingegrepen en bijvoorbeeld een afdeling onder verscherpt toezicht gesteld, dan zou het onrechtmatig handelen door de primaire dader (zeer waarschijnlijk) niet hebben plaatsgevonden en zou de schade niet zijn ingetreden. Bij beoordeling van het bestaan van een causaal verband voor een nalaten van de IGZ zal de vraag als volgt luiden: als de IGZ wel adequaat en/of tijdig had ingegrepen, zou de schade dan ook zijn ingetreden?[228]

3.6.2 Redelijke toerekening

Het criterium van de 'redelijke toerekening' wordt bepaald aan de hand van de aard van de aansprakelijkheid en de aard van de schade. "Voor vergoeding komt slechts in aanmerking schade die in zodanig verband staat met de gebeurtenis waarop de aansprakelijkheid van de schuldenaar berust, dat zij hem, mede gezien de aard van de aansprakelijkheid en van de schade, als een gevolg van deze gebeurtenis kan worden toegerekend."[229] In verband met de aard van de schade is van belang dat het bij aansprakelijkheid van de IGZ – in tegenstelling tot aansprakelijkheid van financiële toezichthouders – veelal zal gaan om personenschade. Indien als gevolg van gebrekkig toezicht personenschade ontstaat, is namelijk sprake van een ruime toerekening.[230] Bij vermogensschade is de toerekening echter minder ruim dan bij letselschade.[231] De aard van de schade zal derhalve geen (grote) belemmering opleveren voor de toerekening. De aard van de aansprakelijkheid heeft daarentegen wel een minder ruime toerekening tot gevolg.[232] Bij toezichthoudersaansprakelijkheid is immers sprake van afgeleide aansprakelijkheid. De IGZ is de 'zijdelingse laedens'. Er is immers nog een primaire dader, die het meest te verwijten valt.[233] Alhoewel de IGZ een (eigen) belangrijke taak heeft als toezichthouder,[234] zal de afgeleide aansprakelijkheid ertoe leiden dat de ontstane schade minder uitvoerig aan de IGZ kan worden toegerekend.

---

228 Giesen 2005, p. 171.
229 Artikel 6:98 BW.
230 Albers 2005, p. 495.
231 Giesen 2005, p.175, Busch 2010, p. 51.
232 Giesen 2005, p. 175 en 176, Busch 2010, p. 51.
233 Van Rossum 2005, p. 91 en 92, Giesen 2005, p. 37.
234 Zie ook Albers 2005, p. 495.

3.7 Bewijslastverdeling

Ten aanzien van het causaal verband tussen de ontstane schade en het falende toezicht van de IGZ kunnen bewijsproblemen ontstaan, met name ten aanzien van een nalaten door de IGZ. Zoals uit het voorgaande blijkt, dient dan immers beoordeeld te worden "wat hypothetisch gebeurd zou zijn als er hypothetisch gesproken wel gehandeld zou zijn."[235] De benadeelde derde dient ingevolge artikel 150 van het Wetboek van Rechtsvordering (Rv) vervolgens te bewijzen dat de schade het gevolg is van het falende toezicht van de IGZ. Om de derde tegemoet te komen in deze bewijsproblematiek kan de rechter uit enige bijzondere regel of op grond van redelijkheid en billijkheid een andere verdeling van de bewijslast opleggen.[236] De diverse methodes die in de rechtspraak zijn ontwikkeld, worden hierna besproken.

3.7.1 Omkeringsregel

De bewijsmethode die ten aanzien van de toezichthouders-aansprakelijkheid tot veel discussie heeft geleid, is de omkeringsregel. De omkeringsregel houdt in, dat het onder (hierna te bespreken) bijzondere voorwaarden aan de aansprakelijk gestelde is om aannemelijk te maken dat de schade ook zou zijn ontstaan indien de onrechtmatige gedraging niet had plaatsgevonden.[237] De omkeringsregel kwam voor het eerst ter sprake in het arrest Dicky Trading II.[238] De Hoge Raad heeft de omkeringsregel vervolgens verduidelijkt en aangescherpt. Gevolg van deze aanscherping is dat is vereist "dat is komen vast te staan dat sprake is geweest van een gedraging in strijd met een norm die strekt tot het voorkomen van een *specifiek gevaar* [cursivering: WD] ter zake van het ontstaan van schade, en dat degene die zich op schending van deze norm beroept, ook bij betwisting aannemelijk heeft gemaakt dat in het concrete geval het (specifieke) gevaar waartegen de norm bescherming beoogt te bieden, zich heeft verwezenlijkt."[239]

---

[235] Giesen 2005, p. 171.
[236] Artikel 150 Rv.
[237] Van Dam 2006, p. 126.
[238] HR 26 januari 1996, *NJ* 1996, 607, m.nt. WMK (*Dicky Trading II*).
[239] HR 29 november 2002, *NJ* 2004, 304 (*TFS/NS*) en 305 m.nt DA (*Kastelijn/Achtkarspelen*).

Vraag is echter of de omkeringsregel ten aanzien van falend toezicht door de IGZ kan worden toegepast. In de rechtspraak is toepassing van de omkeringsregel ten aanzien van causaal verband bij falend toezicht nog niet aan de orde gekomen.[240] In Duwbak Linda werd immers geoordeeld dat niet aan het relativiteitsvereiste werd voldaan, zodat de Hoge Raad aan de causaliteitsvraag niet meer toekwam. In Vie d'Or kwam de omkeringsregel evenmin aan de orde, alhoewel in dit arrest wel aan de relativiteitseis was voldaan. Zoals ik hierboven al aangaf, heeft de omkeringsregel tot veel discussie geleid. Giesen betoogt dat gezien de ratio van de omkeringsregel, deze in beginsel niet van toepassing zal zijn ten aanzien van de toezichthouders- aansprakelijkheid. Bij die ratio is bepalend of de effectiviteit van die norm in gevaar komt indien de bewijslastverdeling niet wordt veranderd. Volgens Giesen is hier in zijn algemeenheid geen sprake van.[241] Busch is echter (terecht) van mening dat de ratio van de omkeringsregel gelegen is in hulp die deze bewijsmethode de benadeelde in een incidenteel geval van bewijsnood kan bieden.[242] Albers, Busch en Van Dam betogen dat ten aanzien van falend toezicht de omkeringsregel wel van toepassing kan zijn. Volgens Busch[243] en Van Dam[244] is de omkeringsregel van toepassing indien de geschonden norm ertoe strekt een specifiek gevaar ter zake van het ontstaan van de schade te voorkomen. Albers stelt dat een (publiekrechtelijk) toezichthouder vanwege het specialiteitsbeginsel[245] over specifieke, doelgebonden toezichts- en handhavingsbevoegdheden beschikt, waarbij het steeds zal gaan om het voorkomen van een specifiek gevaar.[246]

Voor aansprakelijkheid van de IGZ dient vervolgens te worden beoordeeld of de geschonden zorgvuldigheidsnorm ertoe strekt een specifiek gevaar ter zake van het ontstaan van schade te voorkomen. Die zorgvuldigheidsnorm houdt in dat het toezicht van de IGZ moet voldoen aan de eisen van 'behoorlijk en zorgvuldig toezicht' met

---

[240] Van Dam 2006, p. 128.
[241] Giesen 2005, p. 210-211.
[242] Busch 2010, p. 48.
[243] Busch 2010, p. 48.
[244] Van Dam 2006, p. 128.
[245] Artikel 3:4 lid 1 Awb.
[246] Albers 2005, p. 495.

aanvulling van de Kelderluikcriteria.[247] De strekking van deze zorgvuldigheidsnorm dient in een concreet geval aan de hand van het doel van het toezicht te worden bepaald.[248] Uit onder andere de artikelen 2, 3 en 4a KWZ en de preambule bij de Wet BIG kan worden afgeleid dat het doel van het toezicht van de IGZ is om de belangen van de individuele patiënt te beschermen.[249] Het zal veelal lastig zijn voor die patiënt om aannemelijk te maken dat een arts géén medische fout zou hebben begaan als de IGZ eerder de afdeling, waar die arts werkzaam is, onder verscherpt toezicht zou hebben gesteld. De omkeringsregel zou in een dergelijk geval uitkomst kunnen bieden. Vraag is echter of het gevaar waartegen de geschonden norm bescherming biedt – namelijk schending van de belangen van de individuele patiënt – voldoende specifiek is.[250] Alhoewel de Hoge Raad voor toepassing van de algemene norm van 'behoorlijk en zorgvuldig toezicht' een aantal gezichtspunten heeft aangereikt, ben ik van mening dat het gevaar waartegen de zorgvuldigheidsnorm bescherming beoogt te bieden – te weten: schending van de belangen van de individuele patiënt – niet voldoende specifiek is. Bovendien heeft de Hoge Raad in het arrest Slapende echtgenoot geoordeeld dat de omkeringsregel niet (langer) van toepassing kan zijn bij een aansprakelijkheid die gebaseerd is op een ongeschreven, algemene zorgvuldigheidsnorm die niet nader geconcretiseerd is. In dit arrest betrof het de algemene norm voor artsen van artikel 7:453 BW. De omkeringsregel is volgens de Hoge Raad alleen te gebruiken indien sprake is van een specifieke zorgvuldigheidsnorm, zoals een gedragsregel die in een protocol is neergelegd.[251]

Dit betekent echter niet dat de omkeringsregel in het kader van aansprakelijkheid van de IGZ geen toepassing kan vinden. Voorts kan immers gewezen worden op de in hoofdstuk 2 besproken civielrechtelijke beginselplicht tot handhaving die op de IGZ rust. De door de Afdeling bestuursrechtspraak ontwikkelde (bestuursrechtelijke) beginselplicht tot handhaving lijkt niet primair een norm in te houden

---

[247] Zie paragraaf 3.1.
[248] Busch 2010, p. 48.
[249] Zie ook paragraaf 3.5.3.
[250] Busch 2010, p. 48-49.
[251] HR 19 maart 2004, *NJ* 2004, 307, m.nt. DA (*Slapende echtgenoot*).

die beschermt tegen een specifiek gevaar ter zake van schade. Dit kan in een concreet geval echter anders zijn.[252] Kortmann en Van Dam noemen het voorbeeld van een toezichthouder die (bewust) niet optreedt tegen een brandgevaarlijk café. Zij betogen dat het niet optreden van de toezichthouder strijd oplevert met een voldoende specifieke zorgvuldigheidsnorm (handhaven), die ertoe strekt een specifiek gevaar ter zake van het ontstaan van schade (door dood of letsel) te voorkomen. Alhoewel de civielrechtelijke beginselplicht tot handhaving geen absolute plicht is, de IGZ beschikt immers over beleidsvrijheid, strekt deze norm mijns inziens tot het voorkomen van schade bij derden. Neem bijvoorbeeld een arts als ex-neuroloog Jansen Steur die talloze misdiagnoses stelde. Indien de IGZ niet optreedt tegen een arts die keer op keer verkeerde diagnoses stelt, handelt zij in strijd met een specifieke zorgvuldigheidsnorm (handhaven), die ertoe strekt een specifiek gevaar (te weten: misdiagnoses) ter zake van het ontstaan van schade (door letsel) te voorkomen.

Bovendien kan voor rechtvaardiging van toepassing van de omkeringsregel van belang zijn welk handhavingsmiddel de IGZ had moeten toepassen.[253] Betoogd kan worden dat het niet geven van een bevel tot sluiting van een afdeling van een instelling eerder aanleiding kan geven tot het toepassen van de omkeringsregel dan wanneer ten onrechte geen bestuurlijke boete wordt opgelegd.

3.7.2 Aanvullende stelplicht

Zoals hiervoor al naar voren kwam, kan de omkeringsregel op grond van de civielrechtelijke beginselplicht tot handhaving worden toegepast. Giesen stelt dat met behulp van de aanvullende stelplicht en het hierna te bespreken rechterlijk vermoeden het causaliteitsprobleem ten aanzien van de toezichthoudersaansprakelijkheid kan worden aangepakt.[254]

De aanvullende stelplicht (ook wel: verzwaarde stelplicht of mededelingsplicht) houdt in dat de gedaagde, die niet met het bewijsrisico is belast, de door hem betwiste stellingen van de eiser nader dient te motiveren, teneinde de eiser aanknopingspunten voor

---

[252] C.N.J. Kortmann, 'De omkeringsregel, lees eerst de gebruiksaanwijzing', *Overheid & Aansprakelijkheid* 2004, 91, Van Dam 2006, p. 128.

[253] Kortmann 2004, Van Dam 2006, p. 128.

[254] Giesen 2005, p. 211.

bewijslevering te verschaffen. Die aanknopingspunten houden in dat aan eiser gegevens worden verschaft die hij als beginpunt kan gebruiken bij zijn zoektocht naar bewijzen. Op die manier kan eiser alsnog het gevraagde bewijs leveren. Het bewijsrisico blijft echter wel bij de eisende partij.[255] De aanvullende stelplicht wordt met name toegepast in gevallen waarin sprake is van een onrechtmatige daad van een arts jegens een patiënt.[256] De patiënt verkeert dan immers vaak in het nadeel omdat de arts met behulp van het dossier dat hij in handen heeft zijn stellingen kan onderbouwen. Het gedaagde ziekenhuis dient, indien de aanvullende stelplicht van toepassing wordt verklaard, de door haar betwiste stellingen van de patiënt extra te motiveren. In een concreet geval betekent dit dat de IGZ de door haar betwiste stellingen van de derde nader dient te motiveren, teneinde de derde aanknopingspunten voor bewijslevering te verschaffen.

3.7.3 Rechterlijk vermoeden

Daarnaast kan de rechter de bewijslast van de eiser, de benadeelde derde, verlichten door toepassing van het rechterlijk vermoeden (ook wel: feitelijk vermoeden).[257] Het rechterlijk vermoeden houdt in dat de rechter van de juistheid van de stellingen van één van de partijen, in dit geval de derde, uitgaat. Hierbij wordt uit een hulpfeit, een vaststaand feit, het te bewijzen feit afgeleid. Vaststaande feiten bestaan uit feiten van algemene bekendheid en ervaringsregels.[258] Het hulpfeit dient overigens wel bewezen te worden door de derde voordat daaruit het te bewijzen feit mag worden afgeleid. Het bewijsrisico blijft echter op de derde rusten, omdat die in beginsel bewijs zou moeten leveren. Voor het leveren van tegenbewijs is voldoende dat de IGZ het vermoeden

---

[255] I. Giesen, *Bewijs en aansprakelijkheid. Een rechtsvergelijkend onderzoek naar de bewijslast, de bewijsvoeringslast, het bewijsrisico en de bewijsrisico-omkering in het aansprakelijkheidsrecht* (diss. Tilburg), Den Haag: Boom Juridische uitgevers 2001, p. 39, voetnoot 157.

[256] Zie bijvoorbeeld HR 23 november 2001, *NJ* 2002, 386 (*Ingenhut*). De Hoge Raad verklaarde de aanvullende stelplicht van toepassing omdat de omkeringsregel in zijn ogen te ver ging.

[257] Een rechterlijk vermoeden is overigens niet hetzelfde als een wettelijk vermoeden. Het wettelijk vermoeden is een vermoeden dat in de wet is vastgelegd. De rechter is aan een dergelijk vermoeden gebonden. Zie verder Giesen 2001, p. 66. Zie ook W.D.H. Asser, *Procesrecht. 3. Bewijs*, Deventer: Kluwer 2013, nr. 298.

[258] Giesen 2001, p. 68, Asser 2013, nr. 304.

ontkracht door voldoende twijfel te zaaien. De eiser zal dan alsnog het feit moeten bewijzen.[259]

3.8 Schade

Indien de IGZ een toerekenbare onrechtmatige daad heeft gepleegd, dient zij de daardoor ontstane schade die de derde heeft geleden te vergoeden. In beginsel dient de IGZ de geleden schade volledige te vergoeden.[260] Ingevolge artikel 6:95 BW bestaat de te vergoeden schade uit vermogensschade en ander nadeel. In artikel 6:96 lid 1 BW wordt verduidelijkt wat onder vermogensschade wordt verstaan: geleden verlies en gederfde winst. De redelijke kosten ter voorkoming of beperking van schade, ter vaststelling van de aansprakelijkheid, alsook de redelijke kosten ter verkrijging van voldoening buiten rechte gelden eveneens als vermogensschade (lid 2). Daarnaast komt zowel toekomstige schade (artikel 6:105 BW) als wettelijke rente (artikel 6:119 BW) voor vergoeding in aanmerking. Onder toekomstige schade wordt de schade verstaan die de derde nog zal lijden als gevolg van de onrechtmatige daad. Denk bijvoorbeeld aan het verlies van toekomstig inkomen van de derde door letsel.[261]

In de literatuur wordt daarnaast onderscheid gemaakt tussen de volgende categorieën: personenschade, zaakschade en zuivere vermogensschade. Zaakschade is schade door verlies, vernietiging of beschadiging van een zaak. Schade die leidt tot vermindering van het vermogen en niet terug is te voeren op zaak- of personenschade noemt men zuivere vermogensschade.[262] Schade die (mede) ontstaan is door het falende toezicht door de IGZ zal met name bestaan uit personenschade (schade door dood of letsel). Letselschade bestaat uit zowel materiële als immateriële schade (artikel 6:106 BW). De vergoeding van immateriële schade wordt ook wel smartengeld genoemd. Immateriële schade kan bestaan uit lichamelijke pijn,

---

[259] Giesen 2001, p. 65 en 68.

[260] A.S. Hartkamp & C.H. Sieburgh, *Mr. C. Assers Handleiding tot de beoefening van het Nederlands Burgerlijk Recht. 6. Verbintenissenrecht. Deel II De verbintenis in het algemeen, tweede gedeelte*, Deventer: Kluwer 2013, nr. 31.

[261] Asser/Hartkamp & Sieburgh 2013 (6-II), nr. 41.

[262] S.D. Lindenbergh, *Monografieën BW. B34. Schadevergoeding: algemeen, deel 1*, Deventer: Kluwer 2008, p. 72.

geestelijk letsel, of angst, wat resulteert in gederfde levensvreugde.[263] Patiënten van bijvoorbeeld de disfunctionerende ex-neuroloog Jansen Steur hebben soms jarenlang ten onrechte in de veronderstelling geleefd dat zij een (zeer) ernstige, ongeneeslijke ziekte hadden. Dit kan reden zijn voor vergoeding van smartengeld wegens gederfde levensvreugde. De Hoge Raad heeft in het arrest Comapatiënt met betrekking tot vergoeding van immateriële schade het volgende geoordeeld: "het recht op vergoeding van immateriële schade [is: WD] een hoogstpersoonlijk recht [...] in dier voege dat de benadeelde zelf moet laten blijken dat hij genoegdoening voor ander nadeel dan vermogensschade wenst."[264] De Hoge Raad oordeelde tevens dat nabestaanden overeenkomstig artikel 6:106 lid 2 BW slechts recht hebben op vergoeding van immateriële schade als de overledene daar zelf bij leven aanspraak op heeft gemaakt. Naast vergoeding van immateriële schade kan de derde ook kosten van herstel (materiële schade) vorderen, bestaande uit onder andere reiskosten en kosten voor medicijnen, genees- en heelkundige behandeling, verpleging en hulpmiddelen.[265] Onder bepaalde voorwaarden komen ook kosten voor huishoudelijke hulp voor vergoeding in aanmerking.[266]

3.9 Naar een beperking van aansprakelijkheid van de IGZ?

In Nederland bestaat, in tegenstelling tot andere Europese landen,[267] geen algehele immuniteit voor aansprakelijkheid van toezichthouders. Immuniteit van toezichthouders lijkt mij ook in strijd met de in hoofdstuk 2, paragrafen 2.1 en 2.4.1 besproken Europese jurisprudentie. Op grond van artikel 2 EVRM rust op Staten immers een positieve verplichting om onder strikte omstandigheden in levensbedreigende situaties op te treden. Van deze opgelegde verplichtingen mogen zij dan ook niet worden vrijgesteld. Ook in de literatuur kan weinig steun worden gevonden voor immuniteit van

---

[263] Asser/Hartkamp & Sieburgh 2013 (6-II), nr. 139.
[264] HR 20 september 2002, *NJ* 2004, 112, m.nt. J.B.M. Franken, r.o. 3.4.2 (*Comapatiënt*).
[265] Asser/Hartkamp & Sieburgh 2013 (6-II), nr. 150.
[266] HR 5 december 2008, *NJ* 2009, 387 (*Ziekenhuis Rijnstate/Reuvers*).
[267] Zie Van Rossum 2006, p. 108-123 voor bespreking van immuniteit voor aansprakelijkheid van toezichthouders in Duitsland en Engeland.

toezichthouders.[268] Dit ligt anders als het gaat om beperking van aansprakelijkheid van toezichthouders. Zoals in paragraaf 3.4.1 reeds naar voren kwam, is de aansprakelijkheid van DNB en de AFM per 1 juli 2012 wettelijk beperkt tot gevallen van opzet en grove schuld. In de volgende paragrafen zal ik ingaan op de hoofdregel die geldt bij de toezichthoudersaansprakelijkheid, de hoofdelijke aansprakelijkheid. Vervolgens zal ik de alternatieven bespreken waar in de literatuur door diverse auteurs voor wordt gepleit, namelijk: subsidiaire aansprakelijkheid en proportionele aansprakelijkheid.

3.9.1 Hoofdelijke aansprakelijkheid

Bij toezichthoudersaansprakelijkheid is zowel het (niet) handelen van de toezichthouder, de secundaire dader, als het handelen van de primaire dader een voorwaarde voor het doen intreden van de gehele schade zoals de benadeelde derde die heeft geleden.[269] Naar Nederlands recht is de toezichthouder naast de primaire dader hoofdelijke aansprakelijk in de zin artikel 6:102 lid 1 BW. Als zowel het causale verband tussen de gedraging van de primaire dader en de schade, als het causale verband tussen het falende toezicht van de IGZ en de schade kan worden aangetoond, geldt dat de benadeelde derde beide partijen voor de gehele schade kan aanspreken. Omdat de IGZ als toezichthouder de 'deepest pockets' heeft, zal de derde eerder de IGZ aanspreken dan de primaire dader. De IGZ kan weliswaar regres nemen op de primaire dader naar rato van zijn aandeel in de schadeveroorzakende gebeurtenis,[270] maar vaak is de primaire dader niet solvabel genoeg of onvindbaar.[271] Gevolg is dat de IGZ met de 'rekening' blijft zitten. Voor de hoofdelijke aansprakelijkheid zijn echter twee alternatieven denkbaar, namelijk: subsidiaire aansprakelijkheid en proportionele aansprakelijkheid.

---

[268] Van Dam 2006, p. 81, Albers 2005, p. 493, Van Giesen 2005, p. 184, Van Rossum 2005, p. 122-123, Busch 2011, p. 27.
[269] Busch 2010, p. 47.
[270] Artikel 6:102 lid 1 BW jo. 6:10 lid 1 BW.
[271] Van Rossum 2005, p. 95, Busch 2010, p. 56.

3.9.2 Subsidiaire aansprakelijkheid

Subsidiaire aansprakelijkheid houdt in dat de toezichthouder alleen kan worden aangesproken als het aansprakelijk stellen van de primaire dader tot niets leidt, omdat hij niet solvabel of onvindbaar is. In Nederland wordt de subsidiaire aansprakelijkheid tot op heden nog niet toegepast bij aansprakelijkheid van toezichthouders.[272]

Giesen stelt zich voorstander van deze vorm van aansprakelijkheid, mede omdat de primaire dader hierdoor meer geprikkeld wordt om van onrechtmatig handelen af te zien. Hij merkt daarbij wel op dat aan subsidiaire aansprakelijkheid van toezichthouders (slechts) betekenis toekomt bij kleinschalige schadegebeurtenissen, omdat de financiële draagkracht van de primaire dader vooral bij grootschalige schadegebeurtenissen begrensd zal zijn.[273]

Het is echter de vraag of subsidiaire aansprakelijkheid winst oplevert ten opzichte van hoofdelijke aansprakelijkheid. Ik deel de mening van Albers[274] en Van Dam[275], die niet de indruk hebben dat van hoofdelijke aansprakelijkheid onvoldoende prikkelende werking uitgaat naar de primaire dader. De toezichthouder heeft bij hoofdelijke aansprakelijkheid immers een regresvordering op de primaire dader. Bovendien stelt Albers mijns inziens terecht dat van de hoofdelijke aansprakelijkheid wél een prikkelende werking uitgaat naar de toezichthouder, wat een reflexwerking op de primaire dader tot gevolg heeft. De toezichthouder zal immers zijn toezichts- en handhavingsbevoegdheden serieus moeten nemen om aansprakelijkheid te voorkomen, hetgeen tot gevolg heeft dat de primaire dader een groot risico loopt om gesanctioneerd te worden.[276]

Daarnaast stelt Busch in navolging van Hartlief dat subsidiaire aansprakelijkheid zorgt voor een ongelijke behandeling van zowel de primaire daders als de benadeelde derden. De primaire veroorzakers van grootschalige schadegebeurtenissen blijven immers in tegenstelling tot de primaire veroorzakers van kleinschalige rampen vaak buiten schot omdat zij niet solvabel genoeg zijn. Bovendien kunnen slachtoffers van grootschalige rampen relatief makkelijk de IGZ met

---

[272] Giesen 2005, p. 43.
[273] Giesen 2005, p. 42-44.
[274] Albers 2005, p. 493.
[275] Van Dam 2006, p. 169.
[276] Albers 2005, p. 493.

haar 'deep pockets' aanspreken, terwijl slachtoffers van kleinschalige schadegebeurtenissen de pech hebben dat zij de strijd moeten aangaan met de primaire dader.[277]

Ook Van Rossum is geen voorstander van de subsidiaire aansprakelijkheid, maar met name omdat zij de stelling dat de publiekrechtelijke toezichthouder als financieel vangnet moet dienen, niet onderschrijft.[278] Bovendien is het mijns inziens niet verdedigbaar dat de IGZ alleen dan kan worden aangesproken als blijkt dat de primaire dader niet solvabel of onvindbaar is. Alhoewel bij de IGZ sprake is van een afgeleide aansprakelijkheid, betekent dit niet dat zij pas in zicht moet komen als aansprakelijkstelling van de primaire dader tot niets leidt. De IGZ heeft als toezichthouder immers de taak om de kwaliteit van de gezondheidszorg en de belangen van individuele patiënten te waarborgen. Voor subsidiaire aansprakelijkheid van de IGZ zie ik dan ook geen goede gronden.

3.9.3 Proportionele aansprakelijkheid

Een tweede alternatief voor hoofdelijke aansprakelijkheid is proportionele aansprakelijkheid. Het verschil met hoofdelijke aansprakelijkheid is dat bij proportionele aansprakelijkheid de primaire dader en de toezichthouder niet voor de gehele schade aansprakelijk zijn, maar (slechts) voor het aandeel dat zij hebben veroorzaakt.[279]

Van Rossum stelt dat de afgeleide aansprakelijkheid die van toepassing is op toezichthouders, reden is voor terughoudendheid. Proportionele aansprakelijkheid zou een goed alternatief zijn voor de bestaande hoofdelijke aansprakelijkheid.[280] Ook Busch is voorstander van de proportionele benadering bij aansprakelijkheid van (financiële) toezichthouders.[281]

Albers is echter fervent tegenstander van een proportionele benadering.[282] Zij stelt ten eerste dat op publiekrechtelijke toezichthouders de belangrijke en afzonderlijke taak rust om de

---

[277] Busch 2010, p. 56.
[278] Van Rossum 2005, p. 95.
[279] Van Dam 2006, p. 169.
[280] Van Rossum 2005, p. 92 en 95-97.
[281] Zie Busch 2010, p. 58-60 waarin zijn argumenten voor proportionele benadering de revue passeren.
[282] Zie ook Busch 2010, p. 58-59 waarin Busch de stevige kritiek van Hartlief op de proportionele benadering bespreekt.

veiligheid van burgers te waarborgen. Indien de toezichthouder van deze taak onvoldoende gebruik maakt, zou hem een zelfstandig verwijt kunnen worden gemaakt. Ten tweede zou van de proportionele benadering een minder prikkelende werking uitgaan naar de toezichthouder. Ten derde wijst Albers erop dat proportionele aansprakelijkheid nadelig zou zijn voor de gelaedeerde, omdat de gelaedeerde zich tot diverse personen moet wenden om zijn schade vergoed te krijgen.[283]

Ik deel de mening van Albers dat op publiekrechtelijke toezichthouders de bijzondere taak rust om zorg te dragen voor de veiligheid van burgers. Ook op de IGZ rust de belangrijke taak om kwaliteit van de gezondheidszorg te waarborgen. Faalt zij hierin, dan komt zij haar wettelijke plicht niet na en kan haar een zelfstandig verwijt worden gemaakt. Ik onderschrijf echter niet haar stelling dat van de proportionele benadering een minder prikkelende werking zou uitgaan. Ook al oordeelt de rechter dat het veroorzakingsaandeel van de IGZ kleiner is dan het veroorzakingsaandeel van de primaire dader, dan heeft dit niet tot gevolg dat de IGZ in het geheel niet aansprakelijk is. Zij dient immers naar rato van haar veroorzakingsaandeel de schade die de derde heeft geleden te vergoeden.[284] Ik ben het daarentegen wel met Albers eens dat de proportionele benadering nadelig en bezwaarlijk kan zijn voor de benadeelde derde. De derde is immers genoodzaakt om zowel de primaire dader als de IGZ aan te spreken teneinde zijn schade geheel vergoed te krijgen. Met name in complexe zaken waarin sprake is van omvangrijke schade kan een proportionele benadering bezwaarlijk zijn.

Ik kom dan ook tot de conclusie dat bij aansprakelijkheid van de IGZ geen uitzondering moet worden gemaakt op het huidige systeem van hoofdelijke aansprakelijkheid. Ook al heeft de IGZ in een concreet geval in mindere mate bijgedragen aan de schade, rechtvaardigt dit niet het oordeel dat zij slechts voor haar aandeel aangesproken kan worden. Op haar rust als toezichthouder immers de bijzondere en belangrijke taak om de kwaliteit van de gezondheidszorg te waarborgen. De IGZ

---

[283] Albers 2005, p. 494.
[284] Busch wijst daarnaast op de prikkelende werking die uitgaat van de politieke controle en het bestuursrecht. Busch 2010, p. 58-59.

en de primaire dader dienen dan ook beiden hoofdelijk aansprakelijk te zijn voor de gehele schade.

Hoofdstuk 4: rechtvaardiging van de civielrechtelijke aansprakelijkheid van de IGZ

In het voorgaande hoofdstuk heb ik de aspecten van de civielrechtelijke aansprakelijkheid van de IGZ besproken. Aansprakelijkheid van de IGZ lijkt echter lastig te rechtvaardigen, omdat haar (niet) handelen in veel gevallen niet de belangrijkste oorzaak was van de schade die de derde heeft geleden. De IGZ is als publiekrechtelijk toezichthouder de zijdelingse laedens. Het is de primaire dader die het meest te verwijten valt.[285] In de volgende paragrafen worden achtereenvolgens de argumenten voor en tegen aansprakelijkheid van de IGZ besproken.

4.1 Argumenten voor aansprakelijkheid

Eén van de belangrijkste argumenten voor aansprakelijkheid van de IGZ is de preventieve werking die uitgaat van een mogelijke aansprakelijkheid. Deze mogelijke aansprakelijkheid zal de IGZ extra prikkelen om zorgvuldig toezicht uit te oefenen, wat een reflexwerking heeft op de primaire dader. De primaire dader zal immers als gevolg van het zorgvuldige toezicht door de IGZ gehouden zijn zich zorgvuldiger te gedragen.[286] Het herinneren van de IGZ aan haar toezichts- en handhavingstaken, zodat zij die ook naar behoren zal behartigen, zal leiden tot preventie van (minder) schade bij derden. De civielrechtelijke prikkel tot zorgvuldig handelen door de IGZ zal het meeste effect hebben in gevallen waarin sprake is van concreet toezichtsfalen, omdat in die gevallen na een melding of een klacht duidelijk zal zijn wat er van de IGZ verwacht wordt. In gevallen waarin sprake is van algemeen toezichtsfalen zal de civielrechtelijke prikkel minder effect hebben. Dit betekent niet dat de prikkelende werking van het aansprakelijkheidsrecht in een dergelijk geval in zijn geheel ontbreekt. Indien de IGZ het volledig nalaat om voldoende controle uit te oefenen en derhalve haar algemene toezichtstaak verwaarloost, kan dat eveneens aanleiding zijn voor aansprakelijkheid van de IGZ.

---

[285] Giesen 2005, p. 144.
[286] Giesen 2005, p. 146, Van Maanen 2007, p. 127-128.

Het aansprakelijkheidsrecht kan op die manier een stimulerende werking hebben op de IGZ om haar algemene toezichtstaken uit te oefenen.[287]

Een tweede argument voor aansprakelijkheid van de IGZ is de gelijke behandeling die in een rechtsstaat als Nederland geldt. Een gelijke behandeling van alle rechtssubjecten is van groot belang voor het vertrouwen in en het goed functioneren van de rechtsstaat.[288] Dit beginsel van gelijke behandeling dient ook te gelden in het aansprakelijkheidsrecht. Dit betekent niet dat met de bijzondere positie van de IGZ als publiekrechtelijke toezichthouder geen rekening mag worden gehouden. Zoals reeds eerder ter sprake kwam, is de aansprakelijkheid van de IGZ een afgeleide aansprakelijkheid. In een concreet geval kan dit betekenen dat haar als toezichthouder minder te verwijten valt dan de primaire dader. Hierbij moet echter wel rekening worden gehouden met het feit dat de IGZ toezichts- en handhavingsbevoegdheden heeft opgedragen gekregen om haar taken naar behoren uit te oefenen. Faalt zij hierin, dan kan haar een zelfstandig verwijt worden gemaakt en dient zij aansprakelijk te zijn voor de schade die de derde heeft geleden.

Een derde argument is dat met het instellen van de IGZ als toezichthouder in de gezondheidszorg derden erop mogen vertrouwen dat de IGZ zal waken voor hun belangen.[289] Door het instellen van toezicht treedt dit gewekte vertrouwen automatisch in.[290] Dit argument is bij de IGZ als publiekrechtelijk toezichthouder nog iets sterker. De overheid vaardigt immers regels uit, waarmee zij het vertrouwen wekt dat deze regels gehandhaafd zullen worden. Hierbij speelt ook de civielrechtelijke beginselplicht tot handhaving een belangrijke rol. Derden mogen immers verwachten en erop vertrouwen dat de IGZ adequaat optreedt indien zij bekend is met misstanden.[291] Als dat gewekte vertrouwen wordt beschaamd, rechtvaardigt dat een mogelijke aansprakelijkheid.

Een vierde argument voor aansprakelijkheid van de IGZ is de ratio van het toezicht, namelijk het voorkomen van letsel en gevaar.[292] Zij zal de

---

[287] Giesen 2005, p. 247-248, Van Mannen 2007, p. 128.

[288] Van Dam 2006, p. 153-154.

[289] Giesen 2005, p. 149-150, Van Dam 2006, p. 155, Van Maanen 2007, p. 128.

[290] Giesen 2005, p. 149-150.

[291] Van Dam 2006, p. 155.

[292] Giesen 2005, p 150, Van Maanen 2007, p. 128.

primaire daders er voortdurend aan moeten herinneren dat zij zich aan hun taken houden. De functie van de IGZ is om toezicht uit te oefenen. Zij neemt als toezichthouder de zorg op zich om de veiligheid van burgers en de kwaliteit van de gezondheidszorg te waarborgen, en daarmee ook de plicht om hen tegen letsel en gevaar te beschermen.[293] Komt zij deze plicht niet na, dan leidt dat tot mogelijke aansprakelijkheid.

4.2 Argumenten tegen aansprakelijkheid

Zoals hiervoor reeds ter sprake kwam, lijkt aansprakelijkheid van de IGZ niet altijd makkelijk te verdedigen, omdat in veel gevallen het (niet) handelen van de IGZ niet belangrijkste oorzaak van de schade was. Onder andere Van Rossum pleit voor terughoudendheid bij aansprakelijkheid van toezichthouders, omdat de toezichthouder de zijdelingse laedens is. Volgens Van Rossum kan door middel van een proportionele aansprakelijkheid tegemoet worden gekomen aan dit bezwaar.[294] Zoals reeds in paragraaf 3.9.3 van hoofdstuk 3 naar voren kwam, deel ik de mening van Van Rossum niet. Dat de IGZ als toezichthouder (slechts) de zijdelingse laedens is, betekent nog niet dat haar niet een zelfstandig verwijt kan worden gemaakt. De IGZ is in het leven geroepen om een wettelijke taak uit te oefenen. Faalt zij hierin, dan kan haar een zelfstandig verwijt worden gemaakt.[295] Dat het handelen van de primaire dader het meest aan de schade heeft bijgedragen, doet hieraan niet af.

Een tweede argument dat tegen aansprakelijkheid wordt aangevoerd, is dat het bij mogelijke aansprakelijkheid van toezichthouders veelal om een nalaten zal gaan.[296] Aansprakelijkheid voor zuiver nalaten veronderstelt een plicht tot handelen. Het aannemen van een dergelijke plicht zou een inbreuk kunnen maken op de discretionaire bevoegdheid van de IGZ. Hierbij moet echter wel rekening worden gehouden met het feit dat op de IGZ een (relatieve) civielrechtelijke beginselplicht tot handhaving rust. Bovendien mag van de IGZ als publiekrechtelijke toezichthouder verwacht worden dat zij in een concrete situatie op de

---

[293] Giesen 2005, p. 151.
[294] Van Rossum 2005, p. 92 en 94.
[295] Giesen 2005, p. 152, Albers 2005, p. 494.
[296] Giesen 2005, p. 151-152.

hoogte is van de ernst van het gevaar. Het is niet van belang of de IGZ de ernst van het gevaar had *kunnen* weten, maar of zij in een concreet geval de ernst van het gevaar had *moeten* weten.[297] Een inbreuk op de discretionaire bevoegdheid van de IGZ is derhalve gerechtvaardigd.

Een derde argument dat wordt aangevoerd tegen aansprakelijkheid van toezichthouders is dat aansprakelijkheid zou leiden tot een stortvloed aan claims ('floodgates'). Toezichthouders zouden voor te hoge bedragen ten opzichte van te veel derden aansprakelijkheid zijn. Men vreest dat de 'sluizen van aansprakelijkheid' te ver open worden gezet.[298] Van een vrees voor een stortvloed aan claims was sprake in het arrest Duwbak Linda. De Hoge Raad oordeelde dat de geschonden norm niet strekt tot bescherming van een onbeperkte groep van derden.[299] In de praktijk lijkt van dergelijke Amerikaanse toestanden echter geen sprake te zijn.[300]

Een vierde argument, dat nauw samenhangt met de vrees voor floodgates, is dat aansprakelijkheid zou leiden tot defensief gedrag ('defensive conduct') bij toezichthouders. Zij zouden zich zodanig gaan richten op het voorkomen van aansprakelijkheid, dat zij niet meer geprikkeld worden om zorgvuldig toezicht uit te oefenen.[301] Het is echter de vraag of deze vrees gegrond is.[302] Zelfs al zou de vrees voor aansprakelijkheid leiden tot defensief gedrag, betekent dit nog niet dat van toezichthoudersaansprakelijkheid moet worden afgezien. Indien de IGZ in een concreet geval verweten kan worden dat zij heeft gefaald in haar toezichthoudende taak en derhalve aansprakelijk is, valt niet in te zien waarom zij niet aansprakelijk zou mogen worden gesteld en de primaire dader wel. Zowel de primaire dader als de IGZ kan immers een zelfstandig verwijt worden gemaakt.

Een vijfde argument is dat aansprakelijkheid van toezichthouders een bron van moreel risico ('moral hazard') zou vormen. Moral hazard doet zich voor in gevallen waarin er voor derden geen risico bestaat om verlies te lijden. Derden zouden minder zorgvuldig zijn in het nemen van beslissingen, omdat zij weten dat zij de toezichthouder aansprakelijk kunnen houden voor de door hun geleden schade. In de

---

[297] Hoofdstuk 3, paragraaf 3.3.
[298] Van Dam 2006, p. 152-153, Giesen 2005, p. 154.
[299] HR 7 mei 2004, *NJ* 2006, 281, m.nt. J. Hijma, r.o. 3.4.3 (*Duwbak Linda*).
[300] Van Dam 2006, p. 153.
[301] Van Dam 2006, p. 150-151, Giesen 2005, p. 156-157.
[302] Giesen 2005, p. 156-167, Van Rossum 2005, p 93.

praktijk blijkt hier echter geen sprake van te zijn.[303] Indien derden een procedure tegen de IGZ aanspannen voor falend toezicht, lopen zij altijd het risico om verlies te lijden. Zoals reeds naar voren kwam, wordt de aansprakelijkheid van toezichthouders met enige terughoudendheid benaderd. Van te voren is dus niet te zeggen wat de uitkomst van de procedure zal zijn en wie derhalve wordt veroordeeld tot de kosten van het geding.[304]

Een zesde argument dat tegen aansprakelijkheid van toezichthouders wordt aangevoerd, is dat publiekrechtelijke toezichthouders werken in het algemeen belang en soms genoodzaakt zijn om ingewikkelde afwegingen te maken.[305] Denk hierbij aan het toezichthoudersdilemma, dat reeds in paragraaf 2.3 van hoofdstuk 2 aan de orde kwam. Toezichthouders zouden zonder voor vrees voor aansprakelijkheid de taken die zij in het algemeen belang opgedragen krijgen, moeten kunnen uitvoeren.[306] Alhoewel de IGZ mede in het algemeen belang toezicht houdt, dient zij zich tevens bewust te zijn van het feit dat zij de belangen van individuele patiënten dient te behartigen. Hierbij komt de IGZ als publiekrechtelijke toezichthouder enige mate van beleidsvrijheid toe. Deze beleidsvrijheid is echter niet onbeperkt. Het dienen van het algemeen belang mag dan ook nooit een excuus zijn om de IGZ van aansprakelijkheid te ontheffen.

Na het afwegen van de hierboven genoemde argumenten kom ik tot de conclusie dat géén van de argumenten tegen aansprakelijkheid van doorslaggevende betekenis is voor het aannemen van een bijzondere aansprakelijkheidsregime voor de IGZ. Uit onderzoek blijkt dat van een stortvloed aan claims en defensief gedrag van toezichthouders als gevolg van de dreiging van aansprakelijkheid geen sprake is.[307] Bovendien is de beleidsvrijheid van de IGZ geen vrijbrief voor niet-handhavend optreden. Dat het bij aansprakelijkheid van de IGZ om een afgeleide aansprakelijkheid en veelal een nalaten zal gaan, doet onvoldoende ter zake. Met name de ratio van het toezicht en het gewekte vertrouwen pleiten voor aansprakelijkheid van de IGZ. Voor

---

[303] Van Dam 2006, p. 149.
[304] Van Dam 2006, p. 149.
[305] Van Dam 2006, p. 150.
[306] Van Dam 2006, p. 150.
[307] Van Dam 2006, p. 157.

aansprakelijkheid van de IGZ kan derhalve voldoende rechtvaardiging worden gevonden.

Conclusie

De IGZ is als publiekrechtelijk toezichthouder in het leven geroepen om de kwaliteit van de gezondheidszorg te bewaken en de veiligheid van patiënten te waarborgen. De IGZ blijkt haar toezichthoudende taak echter niet altijd naar behoren uit te oefenen. Als gevolg hiervan hebben diverse commissies onderzoek gedaan naar de werkwijze en het functioneren van de IGZ. In deze scriptie is onderzocht of de IGZ civielrechtelijk aansprakelijk kan zijn jegens derden voor falend toezicht.

Ingevolge artikel 36 lid 1 Gezondheidswet maakt de IGZ onderdeel uit van het Staatstoezicht op de volksgezondheid. De primaire taak van de IGZ bestaat uit het bewaken van de kwaliteit van de gezondheidszorg. Dit doet zij door toezicht te houden op de uitvoering van ruim twintig wetten. De IGZ maakt hiervoor gebruik van verschillende toezichtmethoden. Daarnaast beschikt de IGZ over de bevoegdheden die zijn neergelegd in de artikelen 5:15 tot en met 5:19 Awb. De inspecteur wordt immers aangemerkt als een toezichthouder in de zin van artikel 5:11 Awb. Indien sprake is van een overtreding heeft de IGZ op basis van haar handhavingscyclus de beschikking over diverse handhavingsinstrumenten.

De IGZ heeft bij het inzetten van de diverse handhavingsinstrumenten enige mate van beleids- en beoordelingsvrijheid. Deze discretionaire vrijheid is echter niet onbeperkt. Op de IGZ rust immers een (relatieve) civielrechtelijke beginselplicht tot handhaving.[308] Deze beginselplicht tot handhaving kan ten eerste worden gebaseerd op het ongeschreven recht (het vertrouwensbeginsel en het kennis- en kundeoverschot). Patiënten moeten erop kunnen vertrouwen dat de IGZ ingrijpt wanneer dat noodzakelijk is. Bovendien mag van de IGZ verwacht worden dat zij van risico's op de hoogte is en dergelijke risico's waar mogelijk beperkt en voorkomt. Een tweede argument voor een civielrechtelijke beginselplicht tot handhaving is artikel 2

---

[308] De burgerlijke rechter gaat in Vuurwerkramp Enschede I en II slechts uit van een rechtsplicht tot handhaven in situaties waarin het risico dat het gevaar zich verwezenlijkt dermate groot is dat daar schade uit ontstaat.

EVRM. Van de IGZ mag als publiekrechtelijk toezichthouder verwacht worden dat, indien zij op de hoogte is of behoort te zijn van een direct en onmiddellijk gevaar voor patiënten, zij overgaat tot ingrijpen. Een derde argument is de verhoogde zorgplicht aan de zijde van IGZ. Als behartiger van het algemeen belang rust op de IGZ omvangrijkere zorgplicht dan op een gewone burger. Dientengevolge wordt van haar verwacht dat zij tot ingrijpen overgaat indien zij een overtreding constateert.

Bij de afweging om al dan niet tot ingrijpen over te gaan speelt tevens het toezichthoudersdilemma een belangrijke rol. De IGZ dient bij de afweging tussen diverse belangen een evenwicht te vinden tussen te voortvarend optreden enerzijds en te gemakzuchtig optreden anderzijds. Bij het maken van een keuze tussen deze twee kwaden kan echter schade ontstaan bij diegene op wie toezicht wordt gehouden, alsmede bij een derde.

Ten aanzien van schade ontstaan bij een derde is het aan de rechter om te bepalen of sprake is van algemeen of concreet toezichtsfalen. In een geval van algemeen toezichtsfalen wordt aansprakelijkheid van een toezichthouder echter zelden aanvaard. Gezien de beleidsvrijheid die de toezichthouder toekomt, is de rechter van mening dat taakverwaarlozing slechts in uitzonderlijke omstandigheden onrechtmatig kan zijn jegens een derde.[309] Dit strookt mijns inziens niet met de civielrechtelijke beginselplicht tot handhaving. Aansprakelijkheid van een toezichthouder voor concreet toezichtsfalen is onder omstandigheden wel mogelijk. Het is derhalve van belang een onderscheid te maken tussen situaties waarin de IGZ inadequaat gebruik maakt van haar bevoegdheden om overtredingen op te sporen enerzijds en die waarin de IGZ ondanks waarschuwingen of meldingen nalaat om in te grijpen anderzijds.

Uit jurisprudentie blijkt dat de wetenschap die de IGZ bezit of behoorde te bezitten uitermate van belang is bij beoordeling van de vraag of de IGZ aansprakelijk kan worden gehouden voor de door derden geleden schade. De rechter dient hierbij niet volledig, maar marginaal te toetsen of de IGZ heeft voldaan aan "de eisen die aan een behoorlijk en zorgvuldig toezicht moeten worden gesteld".[310] Het is

---

[309] Rb. 's-Gravenhage 24 december 2003, *Gst.* 2004, 76, m.nt. R. Boesveld, r.o. 3.5.2 (*Vuurwerkramp Enschede I*).
[310] HR 13 oktober 2006, *JOR* 2006, 295 m.nt. D. Busch, r.o. 4.3.3 (*Vie d'Or*).

immers niet de bedoeling dat de rechter op de stoel van de wetgever plaatsneemt.

De IGZ kan slechts aansprakelijk zijn jegens een derde indien zij door een toerekenbare onrechtmatige daad schade heeft veroorzaakt. Ten eerste dient te worden vastgesteld of de IGZ onrechtmatig heeft gehandeld of nagelaten. De rechter dient de door de Hoge Raad in Vie d'Or gehanteerde zorgvuldigheidsnorm als uitgangspunt te nemen bij de beoordeling van de aansprakelijkheid van de IGZ. Daarnaast kunnen de Kelderluikcriteria worden toegepast. Tevens dient het handelen van de IGZ te worden getoetst aan de algemene beginselen van behoorlijk bestuur en de beginselen van behoorlijk toezicht. Zij kan de onrechtmatigheid van haar (niet) handelen niet rechtvaardigen met een beroep op overmacht in de zin van noodtoestand. Bij het toezichthoudersdilemma is immers geen sprake van een conflict van plichten, dat schending van de belangen van individuele patiënten rechtvaardigt.

Bij aansprakelijkheid van de IGZ zal het veelal gaan om een zuiver nalaten. Aansprakelijkheid voor (zuiver) nalaten impliceert een plicht tot handelen. Van een handelingsplicht is echter slechts sprake in noodsituaties. Van een speciale relatie tussen de IGZ en de derde lijkt in beginsel geen sprake. Of in een geval van zuiver nalaten op de IGZ een plicht tot handelen rust, moet worden bepaald aan de hand van het bewustzijnscriterium. Dit criterium dient bij toezichthouders-aansprakelijkheid echter niet te strikt te worden gehanteerd. De IGZ beschikt immers over specifieke toezicht- en handhavings-bevoegdheden. Bovendien dient zij op grond van haar kennisoverschot op de hoogte te zijn van risico's. Van belang is of de IGZ in een concrete situatie de ernst van het gevaar had moeten weten, niet of zij de ernst van het gevaar had kunnen weten.

De IGZ is slechts aansprakelijk indien de onrechtmatige daad haar kan worden toegerekend. Ten eerste is toerekening mogelijk op grond van schuld. Beperking van de aansprakelijkheid van de IGZ tot gevallen van opzet en grove schuld is mijns inziens niet gewenst. Falend toezicht van de IGZ kan immers – in tegenstelling tot falend toezicht van DNB of de AFM – verstrekkende gevolgen hebben voor de gezondheid van derden. Toerekening op grond van schuld levert geen belemmering op indien sprake is van concreet toezichtsfalen. De IGZ kan dan immers niet beweren dat zij niet op de hoogte was van het risico. Ook bij algemeen toezichtsfalen mag toerekening geen belemmering opleveren. Van de IGZ mag met het oog op haar verhoogde zorgplicht en kennis- en kundeoverschot verwacht worden dat zij eerder dan de gemiddelde burger op de hoogte is van risico's. Daarnaast is toerekening op grond van verkeersopvattingen mogelijk. De IGZ wordt als publiekrechtelijk toezichthouder geacht deskundig te zijn op het gebied van de gezondheidszorg (hoedanigheid van de dader). Hierbij dient echter wel rekening te worden gehouden met het feit dat de onrechtmatige daad van de IGZ veelal zal bestaan uit een nalaten (aard van de gedraging). Bovendien heeft het handelen van de primaire dader het meest bijgedragen aan de schade. Van de IGZ mag echter als toezichthouder verwacht worden dat zij risico's tijdig inziet en tot adequaat ingrijpen overgaat.

Daarnaast dient de door de IGZ geschonden norm te strekken tot bescherming tegen de schade zoals de derde die heeft geleden (relativiteitseis). Uit het arrest Duwbak Linda blijkt dat het relativiteitsvereiste een dam kan opwerpen tegen aansprakelijkheid van toezichthouders. Ik vraag mij echter af of er wel relevante verschillen bestaan tussen Duwbak Linda en Vie d'Or op het punt van de bepaalbaarheid en voorzienbaarheid. De eigenaren van de schepen die schade hebben geleden als gevolg van de zinkende Linda behoren mijns inziens, evenals de voormalige polishouders van Vie d'Or, tot een in beginsel bepaalbare groep van benadeelden. Bovendien is de geleden schade in Duwbak Linda volkomen voorzienbaar. Als de Linda verrot is en zinkt, kan ze schepen waaraan ze is vastgemaakt schade toebrengen. Ten aanzien van de aansprakelijkheid van de IGZ levert het relativiteitsvereiste geen problemen op. Uit relevante wet- en regelgeving blijkt immers dat op haar een specifieke (en niet slechts een algemene) plicht rust tot bescherming van de belangen van individuele patiënten en het voorkomen van schade. Bovendien behoren de derden die schade lijden als gevolg van de toerekenbare onrechtmatige daad van zowel de primaire dader als de IGZ tot een in beginsel bepaalbare groep van benadeelden. Daarnaast is de geleden schade, die voornamelijk zal bestaan uit personenschade, voorzienbaar.

Voorts dient de door de derde geleden schade in causaal verband te staan tot de toerekenbare onrechtmatige daad van de IGZ. In de praktijk blijkt het echter lastig te zijn om het causale verband tussen de ontstane schade en het nalaten van een toezichthouder aan te tonen. Om de derde tegemoet te komen in zijn bewijsproblematiek kan de rechter een andere verdeling van de bewijslast opleggen. Toepassing van de aanvullende stelplicht en het rechterlijk vermoeden leidt tot weinig discussie. Daarentegen lopen de meningen over toepassing van de omkeringsregel uiteen. Mijns inziens kan de omkeringsregel in een concreet geval van toepassing zijn, als de civielrechtelijke beginselplicht tot handhaving, die mijns inziens een specifiek zorgvuldigheidsnorm (handhaven) inhoudt, in een concreet geval ertoe strekt om derden te beschermen tegen een specifiek gevaar ter zake van het ontstaan van schade (door dood of letsel).

Bij toezichthoudersaansprakelijkheid is zowel het nalaten van de toezichthouder als het handelen van de primaire dader een voorwaarde voor het doen intreden van de gehele schade zoals de derde die heeft geleden. In Nederland bestaat geen algehele immuniteit voor aansprakelijkheid van toezichthouders. Hier geldt het systeem van hoofdelijke aansprakelijkheid, waarbij de schade wordt verdeeld naar rato van ieders aandeel in de schadeveroorzakende gebeurtenis. Mijns inziens zijn de systemen van de subsidiaire en proportionele aansprakelijkheid geen goed alternatief voor de hoofdelijke aansprakelijkheid. Op de IGZ rust immers de specifieke taak om de kwaliteit van de gezondheidszorg te waarborgen. Faalt zij hierin, dan kan haar een zelfstandig verwijt worden gemaakt. Ook al heeft de IGZ in een concreet geval in mindere mate bijgedragen aan de schade, rechtvaardigt dit niet het oordeel dat zij slechts voor haar veroorzakingsaandeel aangesproken kan worden. Daarnaast is het niet verdedigbaar dat de IGZ moet dienen als financieel vangnet. Ten aanzien van toezichthoudersaansprakelijkheid moet op het systeem van hoofdelijke aansprakelijkheid derhalve geen uitzondering worden gemaakt.

Alhoewel aansprakelijkheid van de IGZ in een concrete situatie mogelijk is, lijkt aansprakelijkheid echter lastig te rechtvaardigen. De rechtvaardiging van aansprakelijkheid van de IGZ voor falend toezicht kan vooral gevonden worden in de ratio van het toezicht en het vertrouwen dat zij bij derde opwekt om voor hun belangen te waken. Dat het bij aansprakelijkheid van de IGZ om een afgeleide aansprakelijkheid en veelal een nalaten zal gaan, doet onvoldoende ter zake. Alhoewel op de IGZ geen absolute civielrechtelijke handhavingsplicht rust, is haar beleidsvrijheid geen vrijbrief voor niet-handhavend optreden. Bovendien blijkt van een stortvloed aan claims en defensief gedrag van toezichthouders geen sprake te zijn.

Civielrechtelijke aansprakelijkheid van de IGZ voor falend toezicht is derhalve gerechtvaardigd.

Civielrechtelijke aansprakelijkheid van de IGZ lijkt in een concreet geval mogelijk te zijn. Indien de IGZ door een toerekenbare onrechtmatig daad schade heeft veroorzaakt bij een derde, dient zij voor haar inadequaat ingrijpen of nalaten aansprakelijk te zijn jegens die derde. Aansprakelijkheid van de IGZ zal zich met name voordoen in situaties van concreet toezichtsfalen. Aansprakelijkheid voor algemeen toezichtsfalen is echter niet ondenkbaar. Indien de IGZ faalt in het bewaken van de kwaliteit van de gezondheidszorg en het waarborgen van de patiëntveiligheid, kan haar een zelfstandig verwijt worden gemaakt. Alhoewel het handelen van de primaire dader in veel gevallen het meest heeft bijgedragen aan de door de derde geleden schade, betekent dit niet dat de IGZ slechts aangesproken kan worden voor haar veroorzakingsaandeel. De IGZ dient derhalve naast de primaire dader hoofdelijk aansprakelijk te zijn voor de door de derde geleden schade.

Aangehaalde literatuur en jurisprudentie

Aangehaalde literatuur

Albers 2005
> C.L.G.F.H. Albers, 'Overheidsaansprakelijkheid voor gebrekkig toezicht en ontoereikende handhaving. De geest uit de fles?', *NTBR* 2005, 80, p. 482-496.

Albers 2009
> C.L.G.F.H. Albers, 'Beginselplicht tot handhaving', in: R.J.N. Schlössels e.a., *JBSelect*, Den Haag: Sdu 2009, p. 479-493.

Albers & Heinen 2008
> C.L.G.F.H. Albers & P.C.M. Heinen, 'Civiele en stafrechtelijke aansprakelijkheid van gemeenten bij falend bouw- en woningtoezicht', *Gst.* 2008, 7308, p. 669-683.

Albers & Heinen 2010
> C.L.G.F.H. Albers & P.C.M. Heinen, 'Een (verkapte) civielrechtelijke immuniteit voor toezichts- en handhavingsfalen van overheidsorganen?', *Gemeentestem* 2010, 101.

Asser/Hartkamp & Sieburgh (6-IV*)
> A.S. Hartkamp & C.H. Sieburgh, *Mr. C. Assers Handleiding tot de beoefening van het Nederlands Burgerlijk Recht. 6. Verbintenissenrecht. Deel IV* De verbintenis uit de wet*, Deventer: Kluwer 2011.

Asser/Hartkamp & Sieburgh (6-II)
> A.S. Hartkamp & C.H. Sieburgh, *Mr. C. Assers Handleiding tot de beoefening van het Nederlands Burgerlijk Recht. 6. Verbintenissenrecht. Deel II De verbintenis in het algemeen, tweede gedeelte*, Deventer: Kluwer 2013.

Asser 2013

W.D.H. Asser, *Procesrecht. 3. Bewijs*, Deventer: Kluwer 2013.

Barkhuysen & Van Emmerik 2004

T. Barkhuysen & M.L. van Emmerik, 'Overheidsaansprakelijkheid voor de Enschedese Vuurwerkramp', *NJCM-Bulletin*, jrg. 29 (2004), nr. 5, p. 714-722.

Barkhuysen & Van Emmerik 2005

T. Barkhuysen & M.L. van Emmerik, 'Overheidsaansprakelijkheid voor falend toezicht en ontoereikende handhaving. Nadere lessen uit de uitspraak van de Grote Kamer van het EHRM Öneryildiz tegen Turkije?', *Overheid & Aansprakelijkheid* 2005, 47.

Busch 2010

D. Busch, *Aansprakelijkheid van financiële toezichthouders*, Nijmegen: Ars Aequi Libri 2010.

Busch 2011

D. Busch, *Naar een beperkte aansprakelijkheid van financiële toezichthouders?*, Deventer: Kluwer 2011.

Van Dam 2002

C.C. van Dam, 'Aansprakelijkheid van de overheid wegens onvoldoende toezicht en handhaving', in: J.M. Barendrecht, *Kring van aansprakelijken bij massaschade*, Den Haag: Koninklijke Vermande 2002.

Van Dam 2006

C.C. van Dam, *Aansprakelijkheid van Toezichthouders. Een analyse van de aansprakelijkheidsrisico's voor toezichthouders wegens inadequaat handhavingstoezicht en enige aanbevelingen voor toekomstig beleid* (WODC-rapport), Den Haag: Ministerie van Justitie 2006.

De Die 2008

A.C. de Die, 'Gewaarborgde kwaliteit', in: *De toekomst van de Wet BIG. Preadvies 2008* (Vereniging voor Gezondheidsrecht 2008), Den Haag: Sdu Uitgevers 2008.

Giesen 2001

I. Giesen, *Bewijs en aansprakelijkheid. Een rechtsvergelijkend onderzoek naar de bewijslast, de bewijsvoeringslast, het bewijsrisico en de bewijsrisico-omkering in het aansprakelijkheidsrecht* (diss. Tilburg), Den Haag: Boom Juridische uitgevers 2001.

Giesen 2004

I. Giesen, *Aansprakelijkheid na een nalaten. Een verkennend rechtsvergelijkend onderzoek naar de aansprakelijkheid wegens nalaten, in het bijzonder van toezichthouders*, Deventer: Kluwer 2004.

Giesen 2005

I. Giesen, *Toezicht en aansprakelijkheid. Een rechtsvergelijkend onderzoek naar de rechtvaardiging voor de aansprakelijkheid uit onrechtmatige daad van toezichthouders ten opzichte van derden*, Deventer: Kluwer 2004.

Hubben 2012

J.H. Hubben, 'De IGZ: van stille kracht naar publieke waakhond', *Tijdschrift voor Gezondheidsrecht-*(36) 2, p.96-108.

Rapport Commissie Hoekstra 2010

Angel en Antenne. Het functioneren van de Inspectie voor de Gezondheidszorg in de casus van de neuroloog van het Medisch Spectrum Twente, Den Haag: Ministerie van Volksgezondheid, Welzijn en Sport 2010.

IGZ-handhavingskader 2008
IGZ-handhavingskader, *Richtlijn voor transparante handhaving*, Den Haag: IGZ 2008.

IGZ-jaarbeeld 2009
IGZ-jaarbeeld 2009. Met hart en ziel werken aan krachtig toezicht, Utrecht: IGZ 2010.

IGZ-jaarbeeld 2011
IGZ-jaarbeeld 2011. Deskundig en doortastend risico's verminderen, Utrecht: IGZ 2012.

IGZ-Meerjarenbeleidsplan 2008-2011
IGZ-Meerjarenbeleidsplan 2008-2011. Voor gerechtvaardigd vertrouwen in verantwoorde zorg, Den Haag: IGZ 2007.

IGZ-Meerjarenbeleidsplan 2012-2015
IGZ-Meerjarenbeleidsplan 2012-2015. Voor gerechtvaardigd vertrouwen in verantwoorde zorg (II), Den Haag: IGZ 2011.

Kortmann 2004
C.N.J. Kortmann, 'De omkeringsregel, lees eerst de gebruiksaanwijzing', *Overheid & Aansprakelijkheid* 2004, 91.

Legemaate 2009
J. Legemaate, *Verantwoordelijkheid nemen voor kwaliteit. Advies naar aanleiding van de aanbevelingen van de Inspectie voor de Gezondheidszorg in haar rapport over de zaak van de Twentse neuroloog* (aangeboden aan Tweede Kamer, vergaderjaar 2008-2009, 31 700 XVI, nr. 173), Amsterdam 2009.

Rapport Commissie Lemstra I 2009
En waar was de patiënt...? Rapport over het (dis)functioneren van de medisch specialist en zijn omgeving, Externe Onderzoekscommissie MST 2009.

Rapport Commissie Lemstra II 2010
*Heel de patiënt. Het handelen van de beroepsmatig
betrokkenen na het vertrek van een disfunctionerend medisch
specialist,* Tweede Externe Onderzoekscommissie MST 2010.

Lindenbergh 2008
S.D. Lindenbergh, *Monografieën BW. B34. Schadevergoeding:
algemeen, deel 1,* Deventer: Kluwer 2008.

Van Maanen 2007
G.E. van Maanen, 'Overheidsaansprakelijkheid voor gebrekkig
toezicht. Weging van argumenten en juridische technieken
naar aanleiding van de Enschede vuurwerkramp',
Rechtsgeleerdheid Magazijn THEMIS 2007, 4, p. 127-140.

Moelker 2006
L.A.G. Moelker, 'Aansprakelijkheid van toezichthouders.
Bespreking van het rapport van prof. dr. C.C. van Dam',
Tijdschrift voor financieel toezicht 2006, 5, p. 96-101.

Van Ravels 2006
B. van Ravels, 'Is de overheid aansprakelijk als er sprake is
van falend toezicht?', *Externe veiligheid. Tijdschrift voor
informatie-uitwisseling en discussie over externe veiligheid,*
2006, p. 4-8.

Van Ravels 2007
B.P.M. van Ravels, 'Kroniek overheidsaansprakelijkheid
2005/2006', *Aansprakelijkheid, Verzekering & Schade* 2007,
19.

Van Rossum 2005
A.A. van Rossum, 'Civielrechtelijke aansprakelijkheid voor
overheidstoezicht', in: *Toezicht* (Handelingen Nederlandse
Juristen-Vereniging 2005-I), Deventer: Kluwer 2005.

Sieburgh 2000
> C.H. Sieburgh, *Toerekening van een onrechtmatige daad* (diss. Groningen), Deventer: Kluwer 2000.

Rapport Commissie Sorgdrager 2012
> *Van incident naar effectief toezicht. Onderzoek naar de afhandeling van dossiers over meldingen door de Inspectie voor de Gezondheidszorg*, Den Haag: Ministerie van Volksgezondheid, Welzijn en Sport 2012.

Tjong Tjin Tai 2007
> T.F.E. Tjong Tjin Tai, 'Nalaten als onrechtmatige daad', *NJB* 2007, 40.

Kamerstukken

Kamerstukken II 1998/99, 26 395, nr. 2.

Jurisprudentie

EHRM 18 juni 2002, *EHCR* 2002, 64 (*Öneryildiz/Turkije I*).
EHRM 30 november 2004, *AB* 2005, 43 (*Öneryildiz/Turkije II*).
HR 5 november 1965, *NJ* 1966, 136 (*Kelderluik*).
HR 22 november 1974, *NJ* 1975, 149 m.nt. G.J. Scholten (*Struikelende broodbezorger*).
HR 9 november 1990, *NJ* 1991, 26 (*Speeckaert/Gradener*).
HR 20 maart 1992, *NJ* 1993, 547 (*Bussluis*).
HR 13 januari 1995, *NJ* 1997, 175 (*De Heel/Korver*).
HR 26 januari 1996, *NJ* 1996, 607, m.nt. WMK (*Dicky Trading II*).
HR 22 juni 2001, *Gst.* 2001-7146, 2, m.nt. H.Ph.J.A.M. Hennekes (*Restaurant Boeddha*).
HR 23 november 2001, *NJ* 2002, 386 (*Ingenhut*).
HR 20 september 2002, *NJ* 2004, 112, m.nt. J.B.M. Franken (*Comapatiënt*).
HR 29 november 2002, *NJ* 2004, 304 (*TFS/NS*).

HR 29 november 2002, *NJ* 2004, 305 m.nt DA
(*Kastelijn/Achtkarspelen*).
HR 19 maart 2004, *NJ* 2004, 307, m.nt. DA (*Slapende echtgenoot*).
HR 7 mei 2004, *NJ* 2006, 281, m.nt. J. Hijma (*Duwbak Linda*).
HR 13 oktober 2006, *JOR* 2006, 295 m.nt. D. Busch (*Vie d'Or*).
HR 5 december 2008, *NJ* 2009, 387 (*Ziekenhuis Rijnstate/Reuvers*).
Hof 's-Gravenhage 7 mei 2004, *NJ* 2004, 470.
Hof 's-Gravenhage 24 augustus 2010, *Gst.* 2010, 104
(*Vuurwerkramp Enschede II*).
Rb. 's-Gravenhage 13 juni 2001, *JOR* 2001, 215.
Rb. Utrecht 26 augustus 2003, *JB* 2003, 304, m.nt. C.L.G.F.H. Albers
(*Oudewater*).
Rb. 's-Gravenhage 24 december 2003, *Gst.* 2001, 76, m.nt. R.
Boesveld (*Vuurwerkramp Enschede I*).